100 recettes du Sud

Guy Martin

100 recettes du Sud
Guy Martin

Photographies_Isabelle Rozenbaum Stylisme_Laurence Mouton

chêne

sommaire

soupes & entrées

10 Soupe froide d'avocat et citron vert
12 Minestrone
13 Soupe du Maghreb à l'agneau et aux pois chiches
16 Soupe glacée aux radis et au concombre
18 Granité de tomates au basilic
19 Soupe au vert de blette et à l'orge perlé
20 Soupe au poulet et au chorizo
22 Soupe de haricots rouges et de banane plantain
24 Soupe glacée de tomates aux herbes, gressins à l'anis vert
25 Tartines à la tapenade
26 Tartines d'aubergine grillée
28 Supions crus au piment sur une tartine frottée à l'ail
30 Carpaccio de concombre, salade de chou et de carotte à la coriandre
31 Carpaccio de mangue aux crevettes, au citron vert et au piment
32 Clafoutis aux tomates cerises parfumé au romarin
34 Salade de courgettes à la coriandre et au cumin
36 Soufflé glacé à la tomate et au tourteau
38 Salade de patate douce au safran et à la cannelle
39 Pastèque au chèvre frais, poivre du Sichuan
42 Terrine d'aubergines, de courgettes et de poivrons au basilic
44 Colombo de ventrèche de thon en salade de légumes crus
45 Socca et rillettes de maquereaux
46 Brochettes d'agneau aux pignons de pin, sauce yaourt et menthe
48 Salade d'orange et de mérou grillé
50 Purée fine de pois cassés au cumin et à l'huile d'argan
51 Mousse d'ail, vinaigrette au café
52 Gambas rôties à la citronnelle et au galanga
54 Chaussons à la feta, à la roquette et à la menthe
56 Palmiers au pesto d'oseille
58 Pizza aux artichauts poivrades, à la mozzarella et au parmesan
59 Pissaladière au thon et au piment d'Espelette
60 Cake à la tomate, aux anchois et aux olives parfumé au thym-citron
62 Pain aux olives et aux pétales de rose

plats principaux

66 Anchois et bananes plantains frites, fromage blanc à la coriandre
68 Keftas de mérou au cumin et à la sauge
70 Daurade rôtie au four, saveur d'Orient
71 Mulet farci au riz, aux olives et au citron au sel
72 Mille-feuilles de rouget-barbet, safran et citron au sel
74 Risotto aux oursins, à la tomme de brebis et aux zestes de citron
76 Chapon farci, artichauts à la coriandre et au curcuma
78 Bouillabaisse parfumée à l'orange
79 Paella au garam massala
80 Tourteaux farcis aux merguez et aux mangues
81 Filets de capitaine, achard de légumes
84 Rôti de thon au lard maigre
86 Bars braisés aux oignons rouges et au fenouil roulés dans des feuilles de vigne
87 Rougets-barbets de roche grillés
88 Sardines farcies à l'ossau-iraty
90 Tagliatelles aux herbes, au piment d'Espelette et aux crevettes grises
92 Oignons farcis aux pieds d'agneau et aux noix de cajou
94 Épaule d'agneau « façon sept heures », *orecchiette* en salade au basilic
95 Gigot d'agneau farci à la semoule de couscous
96 Brochettes d'agneau aux dattes et aux abricots secs, couscous d'orge à l'huile d'argan

98 Tourte d'agneau au parfum de café cardamome
100 Estouffade de bœuf au chocolat, navets et cèpes
101 Tajine de jarret de veau aux fèves et aux pois gourmands, lait de coco et gingembre
104 Pintade parfumée au rhum, aux fèves de cacao et au piment de la Jamaïque, cuite dans une feuille de bananier
106 Râble de lapin au chèvre et aux olives cassées
107 Fricassée de cailles aux pistaches
108 Pastilla de pigeon aux amandes et à la fleur d'oranger
110 Cuisses de poulet rôties aux bâtons de cannelle et aux écorces d'orange confites
112 Chayottes farcies au confit de porc et à l'ananas
113 Cochon de lait rôti aux fenouils, à l'ananas et à la cardamome
114 Couscous de légumes oubliés
116 Briks aux légumes
118 Briks à l'agneau
118 Briks au pageot
119 Briks au fromage de chèvre
119 Briks à l'œuf
120 Épeautre façon risotto
122 Pizza au chutney de tomates et aux fruits
123 Petits légumes farcis à la morue
126 Poivrons rouges et jaunes grillés marinés à l'huile d'olive et anchois au sel

desserts & boissons

130 Bavarois au tilleul, jus à la menthe poivrée
132 Cornes de gazelle au romarin et aux zestes de citron séchés
134 Mousselines d'avocat aux deux façons : cacao-poivre et anis
136 Couscous sucré aux graines d'ajowan
137 Brioches aux figues et aux épices chaudes
138 Tarte aux amandes, aux olives et au romarin
140 Fougasse à l'ananas et au poivre vert
142 Tarte sablée aux pêches blanches
143 Tarte feuilletée en bande aux cerises et à l'origan
144 Gâteau de mascarpone, fraises au sucre muscovado
145 Gâteau au fromage blanc et à la semoule parfumé à l'eau de fleur d'oranger et au poivre long
146 Beignets de banane à l'hibiscus
148 Gâteau à la farine de châtaignes et aux écorces d'orange confites, sorbet au thym-citron
150 Carpaccio de papaye et de pitahaya, huile d'olive à la vanille et au safran
151 Pastèque et melon dans un sirop léger aux épices
152 Gâteau de semoule à la coco, cardamome et graines de pavot bleu
154 Clafoutis aux abricots au parfum de lavande
156 Cake aux senteurs de Provence
157 Panettone au basilic
160 Salade d'orange au thé vert et aux dattes
162 Pastilla au lait aux épices chaudes
164 Crèmes brûlées aux pêches blanches à la vanille et à la cannelle
165 Crème glacée à la coriandre et au curry, coulis de mangue
166 Potiron confit au thym-citron et au pomelo
168 Confiture de poires, de fenouils et de kumquats aux amandes
170 Tarte à la tomate et au miel d'oranger
172 Poires rôties aux épices, piquées au bois sucré
173 Vermicelles au lait à la cardamome
174 Café glacé aux épices
176 Thé aux épices
177 Eau de gingembre au miel d'oranger
178 Lait d'amande à l'eau de rose

préface

La cuisine du Sud m'évoque les voyages, les vacances. Que l'on soit dans le sud de la France, en Méditerranée, en Afrique, dans les Caraïbes ou dans toute autre partie du monde où le soleil brille, cuisiner dans ces contrées est souvent un moment hors du temps, loin d'une certaine excitation, avec le sourire en prime. C'est une cuisine chaleureuse, gaie, toujours copieuse, une cuisine du partage, dans laquelle de génération en génération – souvent de mère en fille – on perpétue autour de recettes familiales les traditions séculaires d'un village, d'une région, d'un pays.

La cuisine du Sud ne laisse pas indifférent par ses notes épicées, colorées, ses associations parfois surprenantes. Elle séduit par la qualité de ses produits, sa simplicité de réalisation, ses atouts diététiques et sa capacité à faire voyager, à faire rêver.

Cette cuisine, c'est celle que j'aime préparer pour ma famille et mes amis tout au long de l'année. Voyageur par passion, je puise dans ce Sud beaucoup de mon inspiration : jamais je ne me lasse de me promener dans ses marchés, de goûter ses produits, d'être à l'écoute des secrets de préparation et du savoir-faire de celles et ceux qui la mettent en œuvre.

Dans cet ouvrage, ce sont un peu mes carnets de voyage que je vous livre. Depuis trente ans, je note des recettes, des associations, je les teste, je les réactualise, j'y ajoute ma note personnelle, je joue avec les produits d'un Sud à l'autre avec un plaisir toujours intact. J'espère que cette cuisine vous ouvrira aussi d'autres horizons et vous fera voyager autant que moi.

Guy Martin
Paris, Le Grand Véfour, février 2004

Tartines d'aubergine grillée_Carpaccio de mangue aux crevettes, au citron vert et au piment_Pastèque au chèvre frais, poivre du Sichuan_Salade d'orange et de mérou grillé_Soupe de haricots rouges et de banane plantain_Soupe glacée de tomates aux herbes, gressins à l'anis vert_Gambas rôties à la citronnelle_Clafoutis aux tomates cerises parfumé au romarin_etc.

soupes & entrées

Soupe froide d'avocat et citron vert

Pour 4 personnes

Préparation_30 min
Cuisson_2 min

2 avocats bien mûrs
300 g de tomates
1 gousse d'ail
1 citron vert
8 gambas crues de 40 g pièce
40 g de cacahuètes grillées
15 cl de crème liquide
50 cl de bouillon de volaille
8 gouttes de Tabasco
1 pointe de couteau de curcuma
Sel fin, poivre du moulin

_1 Prélevez le zeste du citron à l'aide d'un couteau économe et hachez-le finement. Pressez le citron. Ôtez la peau et les noyaux des avocats, mettez la pulpe dans un blender avec le jus de citron et l'ail, puis réduisez en purée. Ajoutez le bouillon de volaille, la crème et le Tabasco. Mixez jusqu'à obtention d'une purée fluide et lisse, salez, poivrez et réservez au réfrigérateur.

_2 Mondez les tomates, épépinez-les et taillez la chair en cubes de 2 à 3 mm de côté. Concassez les cacahuètes. Décortiquez les gambas, coupez-les en deux dans le sens de la longueur et ôtez le boyau, puis salez-les, poivrez-les et saupoudrez-les de curcuma. Faites chauffer l'huile d'olive dans une poêle et saisissez-y les gambas pendant 1 minute, avant de les débarrasser sur du papier absorbant.

_3 Dressez la soupe d'avocat dans des assiettes creuses. Décorez des demi-gambas, parsemez de cubes de tomate, de cacahuètes grillées et saupoudrez de zeste de citron haché.

« Deux belles destinations : Israël et le Mexique. Dans cette recette, le goût de noisette de l'avocat est associé au croquant des cacahuètes grillées et au piment qui structurent cette soupe froide. »

Minestrone

Pour 4 personnes

Préparation_45 min
Cuisson_1 h 20

150 g de haricots blancs secs
1 gousse d'ail
150 g de poitrine fumée
75 g de céleri-branche
150 g d'oignon
120 g de carotte
120 g de courgette
600 g de chair de tomate
200 g de pomme de terre
80 g de macaronis
80 g de chou blanc
10 feuilles de basilic
1,5 litre de bouillon de volaille
30 g de parmesan râpé
2 cuil. à soupe d'huile d'olive
Sel fin, poivre du moulin

_1 La veille, faites tremper les haricots blancs à l'eau froide toute une nuit.

_2 Le lendemain, épluchez l'ail, le céleri, l'oignon, la carotte et la pomme de terre. Hachez finement l'ail, ciselez l'oignon. Émincez finement le céleri-branche. Coupez la courgette, la carotte et la pomme de terre en quatre dans la longueur, puis émincez-les.

_3 Taillez la poitrine fumée en petits lardons. Mettez l'huile d'olive dans une grande casserole, portez sur le feu et faites-y revenir l'oignon jusqu'à ce qu'il devienne translucide. Ajoutez les lardons, l'ail, le céleri, la carotte et la courgette, mélangez et laissez cuire pendant 5 minutes.

_4 Ajoutez alors la tomate et les haricots égouttés, arrosez du bouillon de volaille et portez à ébullition, puis cuisez à feu doux pendant 45 minutes. Ajoutez enfin les pommes de terre et prolongez la cuisson de 30 minutes.

_5 Pendant ce temps, faites cuire les macaronis à l'eau salée. Égouttez-les, laissez-les refroidir et taillez-les en tronçons de 0,5 cm de long. Émincez finement le chou et le basilic.

_6 Au moment de servir, rectifiez l'assaisonnement. Ajoutez les tronçons de macaronis, le chou et le basilic dans le minestrone, mélangez et servez très chaud, dans une soupière, en présentant le parmesan dans un bol à part. Vous pouvez aussi accompagner ce minestrone de pain grillé et d'huile d'olive, qui aura été versée dans un ramequin et placée au congélateur pendant 24 heures (l'huile aura alors pris la texture du beurre).

« Toutes les grandes régions italiennes ont leur recette de minestrone : il est enrichi de haricots en Toscane, de potiron à Gênes, de pâtes en Vénétie. J'ai un souvenir d'une trattoria à Florence proposant un minestrone aux épinards parfumé au romarin. Celui-ci est un condensé de tous ces voyages. »

Soupe du Maghreb à l'agneau et aux pois chiches

Pour 4 personnes

Préparation_30 min
Cuisson_2 h 15

500 g d'épaule d'agneau dégraissée et désossée
200 g d'oignons
250 g de céleri-branche
1,2 kg de tomates
100 g de pois chiches secs
100 g de lentilles
2 cuil. à soupe de gingembre en poudre
1 cuil. à soupe de cumin en poudre
1 cuil. à café de cannelle en poudre
2 cuil. à café de coriandre moulue
1 pointe de couteau de safran
1 cuil. à soupe de feuilles de coriandre hachées
2 cuil. à soupe d'huile d'olive
25 g de citron au sel haché
Sel fin, poivre du moulin

_1 La veille, faites tremper les pois chiches dans l'eau froide durant une nuit entière.

_2 Le lendemain, coupez l'épaule d'agneau en cubes d'environ 2 cm de côté. Épluchez l'oignon et le céleri-branche, puis hachez l'oignon et taillez le céleri-branche en dés de 1 cm. Mondez les tomates, épépinez-les et hachez grossièrement la chair.

_3 Chauffez l'huile d'olive dans une grande casserole et faites-y revenir l'oignon pendant 2 minutes. Ajoutez l'agneau et le céleri, et faites sauter en donnant une légère coloration. Ajoutez alors toutes les épices à l'exception du safran, mélangez et laissez cuire pendant 2 minutes. Ajoutez enfin les tomates et poursuivez la cuisson pendant 10 minutes.

_4 Mouillez avec 2,5 litres d'eau, ajoutez les pois chiches, portez à ébullition et laissez cuire à petits bouillons pendant 1 h 30, en remuant de temps à autre. Ajoutez les lentilles et poursuivez la cuisson pendant 30 minutes. Goûtez et rectifiez l'assaisonnement. Au dernier moment, ajoutez le safran, la coriandre hachée et le citron au sel, dressez en soupière et servez aussitôt.

« Cette soupe est une cousine de la *harira*, le potage avec lequel les musulmans du Maghreb rompent le jeûne du ramadan. En Algérie, en Tunisie et au Maroc, chaque famille a sa recette secrète. Merci à Hosni de Zarsis de m'avoir fait découvrir cette soupe haute en couleur et très nourrissante. »

Soupe glacée aux radis et au concombre

Pour 4 personnes

Préparation_20 min

1 concombre de 600 g
1/2 botte de radis rouges
8 yaourts
1 citron
2 cuil. à soupe d'huile d'olive
1 cuil. à café de graines d'anis vert
20 feuilles de menthe
Sel fin, poivre du moulin

_1 Lavez et essuyez le concombre, puis râpez-le dans un saladier à l'aide d'une râpe à fromage. Ajoutez 2 cuillerées à café de sel, mélangez et laissez mariner pendant 30 minutes.

_2 Mélangez le yaourt avec le jus du citron, les graines d'anis, les feuilles de menthe finement ciselées et l'huile d'olive. Versez sur le concombre et mélangez bien, puis rectifiez l'assaisonnement et réservez au réfrigérateur.

_3 Coupez les fanes et les racines des radis, lavez-les et taillez-les en rondelles le plus finement possible. Au moment de servir, transvasez la soupe dans une soupière et parsemez dessus les rondelles de radis.

« En Turquie, j'ai pu déguster des entrées rafraîchissantes à base de yaourt et de concombre. On les retrouve aussi en Grèce, sous le nom de *tzatziki*, servies avec d'autres *mezze*. J'agrémente parfois cette soupe d'une pointe de couteau de bon harissa. »

Granité de tomates au basilic

Pour 4 personnes

Préparation_20 min

500 g de tomates bien mûres
3 cuil. à soupe de vinaigre de xérès
1 cuil. à soupe de sauce soja
1 cuil. à soupe rase de sucre
1 cuil. à café de sel
5 gouttes de Tabasco
4 feuilles de basilic

_1 Délayez dans un bol le sucre et le sel avec le vinaigre et la sauce soja. Lavez les tomates, ôtez-leur le pédoncule et coupez-les en morceaux, puis mixez-les et passez-les au chinois.

_2 Hachez les feuilles de basilic et ajoutez-les, ainsi que le Tabasco et le mélange vinaigre-soja, au jus de tomate. Versez le mélange dans un récipient plus large que haut, que vous placerez au congélateur.

_3 Laissez durant 1 h 30 au froid, puis sortez le granité et grattez-le avec une fourchette pour éviter qu'il ne prenne en un seul bloc. Remettez au congélateur pendant encore 1 heure au minimum, avec les quatre verres pour le service.

_4 Au dernier moment, sortez le gratiné, grattez-le une nouvelle fois avec une fourchette pour former des paillettes, répartissez-le dans les verres et servez sans attendre.

« J'aime réaliser ce granité quand les tomates sont bien mûres, avec une peau luisante. Si vous trouvez des vraies tomates cœur de bœuf, charnues et parfumées, n'hésitez pas... Leur sève donne une réelle valeur à ce jus en paillettes, d'une étonnante richesse aromatique. »

Soupe au vert de blette et à l'orge perlé

Pour 4 personnes

Préparation_45 min
Cuisson_2 h

100 g d'orge perlé
100 g de haricots secs
200 g de vert de blette
200 g de pommes de terre
80 g de carotte
1 courgette
1/2 oignon
1/2 gousse d'ail
2 cuil. à soupe d'huile d'olive
1 cuil. à café de vinaigre balsamique
6 feuilles de basilic
Sel fin, poivre du moulin

Pour la garniture aromatique :
1 carotte
1 oignon
1 branche de céleri
2 brins de thym
2 feuilles de laurier

_1 La veille, faites tremper séparément l'orge et les haricots secs dans de l'eau froide ; réservez au réfrigérateur.

_2 Égouttez les haricots, mettez-les dans une casserole et ajoutez deux fois leur volume en eau, puis effectuez la même opération pour l'orge. Ajoutez dans chaque casserole une demi-carotte et un demi-oignon épluché, une demi-branche de céleri nettoyée, un brin de thym et une feuille de laurier. Portez à ébullition et laissez cuire à petits bouillons, en salant à mi-cuisson.

_3 Épluchez les pommes de terre, la carotte, l'oignon et l'ail. Lavez-les, ainsi que le vert de blette et la courgette, et coupez le tout en petits morceaux de 2 à 3 cm de côté. Mettez tous les légumes dans une casserole, ajoutez 10 cl d'eau, salez et portez à ébullition, puis faites cuire à feu doux pendant 20 minutes. Mixez, passez au chinois et rectifiez l'assaisonnement.

_4 Émincez finement le basilic. Mélangez dans une tasse l'huile d'olive et le vinaigre balsamique. Égouttez l'orge ainsi que les haricots, et ajoutez-les tous deux à la soupe, que vous présenterez en soupière ou directement dans les assiettes de service. Ajoutez quelques traits du mélange d'huile et de vinaigre, et parsemez de basilic émincé juste avant de servir.

« Une soupe avec des accents du Midi : haricots secs, courgette, ail, huile d'olive, basilic mais aussi blettes : dans le bassin méditerranéen, on utilise plus souvent le vert que les côtes de ce légume, notamment dans les soupes. Le vinaigre balsamique nous emmène lui en Italie. »

Soupe au poulet et au chorizo

Pour 4 personnes

Préparation_30 min
Cuisson_45 min

2 blancs de poulet
150 g d'oignons
1 gousse d'ail
1 poivron jaune
30 g de farine
300 g de chair de tomate
50 g de concentré de tomates
2 litres de bouillon de volaille
2 cuil. à soupe
de Worcestershire sauce
150 g de riz
150 g de chorizo
1 cuil. à café de paprika
1/2 cuil. à café de piment
de la Jamaïque moulu
1 cuil. à soupe d'huile d'olive
Sel fin, poivre du moulin

_1 Épluchez et hachez l'oignon et l'ail. Coupez le poivron en quatre dans le sens de la hauteur, ôtez les pépins et les membranes blanches, puis épluchez-le à l'aide d'un couteau économe et émincez-le finement.

_2 Chauffez l'huile d'olive dans une casserole et faites-y fondre sans coloration l'oignon et l'ail pendant 2 minutes. Ajoutez les épices et le poivron, et faites cuire pendant 2 minutes. Ajoutez alors la farine et mélangez bien, puis versez le bouillon, mélangez de nouveau et portez à ébullition. Laissez cuire pendant 10 minutes à petits bouillons. Ajoutez la tomate, le concentré et la Worcestershire sauce. Mélangez, ajoutez les blancs de poulet et laissez cuire pendant 15 minutes.

_3 Pendant ce temps, ôtez la peau du chorizo et taillez-le légèrement en biais, en rondelles de 2 mm d'épaisseur. Colorez les rondelles de chorizo, dans une poêle antiadhésive et en plusieurs fois, jusqu'à ce qu'elles soient sèches, puis égouttez-les sur du papier absorbant.

_4 Retirez les blancs de poulet de la soupe. Versez le riz et poursuivez la cuisson pendant 15 minutes, en remuant de temps à autre. Pendant ce temps, taillez les blancs de poulet en cubes de 2 cm de côté. Remettez ces derniers dans la soupe et rectifiez l'assaisonnement, puis transvasez dans une soupière et parsemez de rondelles de chorizo.

« Cette recette me rappelle mes voyages en Espagne, dans la région de Galice. Cette soupe est bien relevée grâce aux épices – notamment le piment de la Jamaïque – mais aussi au chorizo, une saucisse faite de viande de porc mi-sauvage fumée aux brindilles de genièvre. »

Soupe de haricots rouges et de banane plantain

Pour 4 personnes

Préparation_20 min
Cuisson_2 h 10

200 g de haricots rouges secs
100 g de carotte
100 g d'oignon
100 g de céleri-branche
1 gousse d'ail
1 banane plantain
20 g de tapioca
1 cuil. à café de curry
Huile de friture
Sel fin, poivre du moulin

_1 La veille, mettez les haricots rouges dans l'eau froide et laissez-les tremper toute la nuit.

_2 Égouttez les haricots et jetez-les dans une casserole avec 2,5 litres d'eau. Ajoutez la carotte épluchée et coupée en deux dans le sens de la longueur, l'oignon épluché et coupé en deux, le céleri et la gousse d'ail. Portez à ébullition et laissez cuire à petits bouillons pendant 2 heures. Salez à mi-cuisson.

_3 Épluchez la banane et coupez-la en rondelles d'environ 1 cm d'épaisseur. Plongez ces rondelles dans l'huile chaude d'une friteuse jusqu'à ce qu'elles aient pris une belle couleur dorée. Réservez-les sur du papier absorbant, puis saupoudrez-les de curry, de sel et de poivre.

_4 Séparez les haricots des légumes, en réservant le liquide de cuisson. Des légumes, ne gardez que la carotte et le céleri, que vous taillerez en petits dés. Égouttez les haricots. Portez à ébullition le liquide de cuisson réservé, puis ajoutez le tapioca en le versant en pluie, remuez et laissez cuire pendant 7 minutes.

_5 Remettez les haricots ainsi que les dés de carotte et de céleri dans la soupe. Rectifiez l'assaisonnement et portez à ébullition, puis mettez aussitôt en soupière, parsemez de rondelles de banane et servez.

« La Guyane, les comptoirs des colonies, les Caraïbes, un soir dans un petit "lolo" à Saint-Martin. La banane plantain est le féculent des îles, un substitut à la pomme de terre. »

Soupe glacée de tomates aux herbes, gressins à l'anis vert Pour 4 personnes

Préparation_1 h
Cuisson_20 min pour la soupe
de 5 à 6 min pour les gressins

500 g de tomates
250 g de courgettes
100 g d'oignons blancs
2 cuil. à soupe d'huile d'olive
2 brins de menthe
2 brins de basilic
2 brins d'estragon
1/2 cuil. à café de graines de fenouil
Sel fin, poivre du moulin

Pour les gressins :
175 g de farine de type 45
20 g de lait
8 g de levure de boulanger
90 g de jus de tomate
1 pincée de sucre
4 g de sel
12 g d'huile d'olive
1 g d'anis vert

_1 Diluez la levure dans le lait, puis ajoutez la farine, le sucre, l'anis vert, l'huile d'olive, le jus de tomate et le sel. Pétrissez pendant 10 minutes, jusqu'à obtenir une pâte lisse et homogène, couvrez d'un film plastique et laissez pousser pendant 30 minutes à température ambiante.

_2 Épluchez l'oignon et émincez-le. Lavez les courgettes et les tomates, puis taillez-les en morceaux de 3 à 4 cm de côté. Versez 1 cuillerée à soupe d'huile d'olive dans une cocotte et faites-y suer les oignons pendant 2 à 3 minutes.

_3 Ajoutez les courgettes, les tomates, les graines de fenouil et un brin de chacune des herbes. Mouillez avec 80 cl d'eau, portez à ébullition, salez et laissez cuire à petits bouillons pendant 20 minutes.

_4 Partagez la pâte en boules d'environ 20 g et façonnez ces dernières en baguettes de 20 cm de long. Posez-les sur une plaque allant au four et laissez-les pousser pendant 10 minutes.

_5 Pendant ce temps, mixez la soupe et passez-la au chinois fin, puis rectifiez l'assaisonnement et réservez au réfrigérateur. Préchauffez le four à 200 °C (th. 6-7).

_6 Enfournez les gressins et laissez-les cuire pendant 5 à 6 minutes. À l'issue de la cuisson, sortez-les du four et réservez. Effeuillez les herbes restantes et ciselez-les.

_7 Versez la soupe bien froide dans les assiettes de service, répartissez le reste d'huile d'olive en fins traits, parsemez d'herbes hachées et servez aussitôt, avec les gressins à part.

« C'est l'été, un petit village en Toscane. Les tomates cueillies "en plein champ", pleines de parfums et de soleil, cette soupe généreuse, c'est toute l'Italie. Il fait beau, le chianti coule, nous sommes heureux ! »

Tartines à la tapenade

Pour 4 personnes

Préparation_20 min
Cuisson_7 min

100 g de carotte
100 g de courgette
100 g de chou-fleur
40 g de tapenade
1 branche de thym-citron
1 cuil. à soupe d'huile d'olive
4 tranches de quart de miche de 1 cm d'épaisseur
Sel fin, poivre du moulin

_1 Lavez les légumes. Épluchez la carotte et taillez-la en bâtonnets de 3 cm de long sur 2 mm de large. Faites de même pour la courgette, sans l'éplucher. Prélevez sur le chou-fleur des petits bouquets.

_2 Faites chauffer l'huile d'olive dans une casserole, ajoutez les bâtonnets de carotte, salez, poivrez et laissez cuire à feu doux pendant 4 minutes. Ajoutez les bâtonnets de courgette, les bouquets de chou-fleur, le thym-citron et 2 cuillerées à soupe d'eau, et faites cuire à couvert pendant 3 minutes.

_3 Grillez le pain, tartinez-le de tapenade et dressez joliment les légumes sur cette dernière.

« Souvenir de Saint-Rémy-de-Provence, place du Marché. Après avoir parcouru l'oliveraie de Rémy Coste, avec David, Antoine et Keïko, nous nous reposons à l'ombre d'un platane et tartinons généreusement nos toasts d'une exquise tapenade verte. »

Tartines d'aubergine grillée

Pour 4 personnes

Préparation_30 min
Cuisson_15 min

1 aubergine de 300 g
4 tomates de 150 g pièce
250 g de feta
150 g de concombre
4 filets d'anchois
1 brin de thym
1 feuille de laurier
1 gousse d'ail
4 feuilles de basilic
15 cl d'huile d'olive
1 cuil. à soupe de gros sel
Sel fin, poivre du moulin

_1 Lavez l'aubergine et coupez-la en quatre tranches d'environ 1 cm d'épaisseur. Placez ces dernière dans un plat, saupoudrez-les de gros sel dessus et dessous, et laissez-les dégorger pendant 1 heure. Préchauffez le four à 150 °C (th. 5).

_2 Rincez et essuyez les tranches d'aubergine, arrosez-les de 5 cl d'huile d'olive et grillez-les des deux côtés dans une poêle. Disposez-les ensuite dans un plat avec le thym, le laurier et la gousse d'ail, préalablement coupée en deux, puis arrosez d'un trait d'huile d'olive, salez et poivrez. Couvrez d'une feuille de papier d'aluminium, enfournez et laissez cuire pendant 15 minutes.

_3 Plongez les tomates dans l'eau bouillante pendant 30 secondes, puis pelez-les, coupez-les en quatre et épépinez-les. Taillez la feta en lamelles de 5 mm d'épaisseur. Lavez le concombre, coupez-le en deux dans le sens de la longueur et ôtez les pépins. Émincez le concombre en tranches de 1 à 2 mm d'épaisseur. Taillez les anchois en dés.

_4 Faites frire les feuilles de basilic dans 3 cuillerées à soupe d'huile d'olive portée à 200 °C, puis égouttez-les sur du papier absorbant. Épongez les tranches d'aubergine et répartissez harmonieusement sur ces dernières les ingrédients, par couches successives. Arrosez du reste d'huile d'olive, parsemez de cristaux de fleur de sel et décorez d'une feuille de basilic frit.

« Après de longues promenades à Istanos et à Cydonia, besoin de fraîcheur. Légumes, huile d'olive, c'est presque tous les bénéfices du régime crétois, plébiscité par les diététiciens, réunis dans une savoureuse tartine. »

Supions crus au piment sur une tartine frottée à l'ail Pour 4 personnes

Préparation_45 min
Cuisson_3 min

500 g de supions
2 cuil. à soupe de jus de citron
8 cuil. à soupe d'huile d'olive
20 g de piment rouge frais
4 tranches de pain de campagne
1 gousse d'ail
Sel fin, poivre du moulin

_1 Préparez les supions : séparez la tête du corps ; ôtez les yeux en les pinçant d'un côté et en pinçant les tentacules de l'autre ; enlevez la partie dure au centre des tentacules ; videz le corps, enlevez la membrane qui l'entoure et retournez-le comme une chaussette.

_2 Nettoyez les corps et les têtes à l'eau afin d'enlever toutes les impuretés, puis coupez les corps en quatre dans le sens de la longueur. Émincez finement les supions et réservez-les dans un saladier.

_3 Ôtez les graines du piment et émincez finement ce dernier. Assaisonnez les supions avec le jus de citron, 4 cuillerées à soupe d'huile d'olive, le piment, du sel et du poivre, puis réservez au réfrigérateur.

_4 Faites chauffer le reste d'huile d'olive dans une poêle et mettez-y à colorer les tranches de pain de campagne des deux côtés avant de les éponger sur du papier absorbant. Frottez les tartines avec la gousse d'ail et répartissez dessus l'émincé de supions.

« On les appelle supions, encornets, chipirons, taoutènes, selon la région ou le pays. Préparés en tartines pimentées pour une entrée ou à consommer l'après-midi en en-cas, c'est coloré, savoureux, et ça rappelle à la fois l'Afrique, les Seychelles et le Sud-Ouest... »

Carpaccio de concombre, salade de chou et de carotte à la coriandre Pour 4 personnes

Préparation_30 min
Cuisson_2 min

250 g de concombre
80 g de carotte
80 g de chou blanc

Pour la vinaigrette :
15 g de miel de citronnier
1 cuil. à soupe de jus de citron
1 cuil. à soupe de sauce soja
1 cuil. à soupe d'huile d'olive
10 feuilles de coriandre

_1 Préparez la vinaigrette : mettez le miel dans une casserole et laissez-le colorer au caramel brun ; ajoutez le jus de citron et la sauce soja ; retirez du feu et ajoutez l'huile d'olive. Ciselez finement la coriandre et ajoutez-la à la vinaigrette.

_2 Épluchez la carotte et râpez-la. Émincez finement le chou. Coupez les extrémités des concombres, épluchez-les en laissant une lanière de peau sur deux et taillez-les en rondelles de 1 à 2 mm d'épaisseur.

_3 Nappez de vinaigrette le fond des assiettes, dressez les rondelles de concombre en rosace et nappez-les de vinaigrette. Mélangez l'émincé de chou et la carotte râpée, assaisonnez avec le reste de la vinaigrette et disposez ce mélange en dôme au centre de la rosace de concombre.

« Une belle idée de salade avec une vinaigrette salée à la sauce soja, adoucie au miel de citronnier, avec une note pointue grâce au citron et une note herbacée grâce à la coriandre. Les légumes sont crus et agréablement croquants, le tout est très rafraîchissant. »

Carpaccio de mangue aux crevettes, au citron vert et au piment Pour 4 personnes

Préparation_20 min
Cuisson_2 min

2 mangues bien mûres
8 crevettes crues de 40 g pièce
1 cuil. à soupe d'huile d'olive
1 pincée de piment de Cayenne
Fleur de sel, poivre du moulin

Pour la vinaigrette :
1 cuil. à soupe de jus de citron vert
3 cuil. à soupe d'huile d'olive
1 zeste de citron vert détaillé en fine julienne
1/2 piment rouge

_1 Commencez par préparer la vinaigrette. Ôtez les graines du piment, puis émincez finement ce dernier ainsi que le zeste du citron vert. Mélangez le jus de citron avec l'huile d'olive, salez et poivrez. Ajoutez le zeste et le piment, mélangez et réservez.

_2 Épluchez les mangues, coupez-les en deux (en taillant de chaque côté du noyau) et émincez-les en fines tranches. Dressez-les en éventail sur les assiettes.

_3 Décortiquez les crevettes et coupez-les en cinq. Chauffez l'huile d'olive dans une poêle et saisissez-y les crevettes pendant 1 minute. Salez, poivrez et ajoutez le piment de Cayenne, puis réservez sur du papier absorbant.

_4 Répartissez les crevettes sur les mangues, nappez le tout de vinaigrette et parsemez de quelques cristaux de fleur de sel et de quelques tours de moulin à poivre.

« Tahiti, cette île de rêve, me donne envie de concevoir les mets comme des poèmes... Une ode colorée, relevée, qui permet d'utiliser ce beau fruit qu'est la mangue différemment qu'en dessert, car elle se marie merveilleusement bien avec le piment... »

Clafoutis aux tomates cerises parfumé au romarin Pour 4 personnes

Préparation_20 min
Cuisson_15 min

160 g de tomates cerises rouges
160 g de tomates cerises jaunes
50 g de poitrine fumée détaillée en fines tranches
80 g de tomates séchées
50 g de parmesan râpé
2 œufs
20 cl de crème liquide
1 brin de romarin
Sel fin, poivre du moulin

_1 Préchauffez le four à 150 °C (th. 5). Portez à ébullition la crème avec le romarin, puis retirez du feu et laissez infuser pendant 10 minutes. Hachez les tomates séchées le plus finement possible.

_2 Taillez la poitrine fumée en fine julienne. Chauffez une poêle sans matière grasse et faites-y rissoler la poitrine pendant 2 minutes. Égouttez-la ensuite sur du papier absorbant.

_3 Répartissez la purée de tomates séchées et la julienne de poitrine dans le fond de quatre plats à gratin de 12 cm de diamètre. Disposez les tomates cerises dans les plats.

_4 Filtrez la crème, mélangez-la aux œufs et battez à l'aide d'une fourchette. Salez et poivrez, puis répartissez la préparation dans les plats et parsemez de parmesan. Enfournez et laissez cuire pendant 15 à 16 minutes.

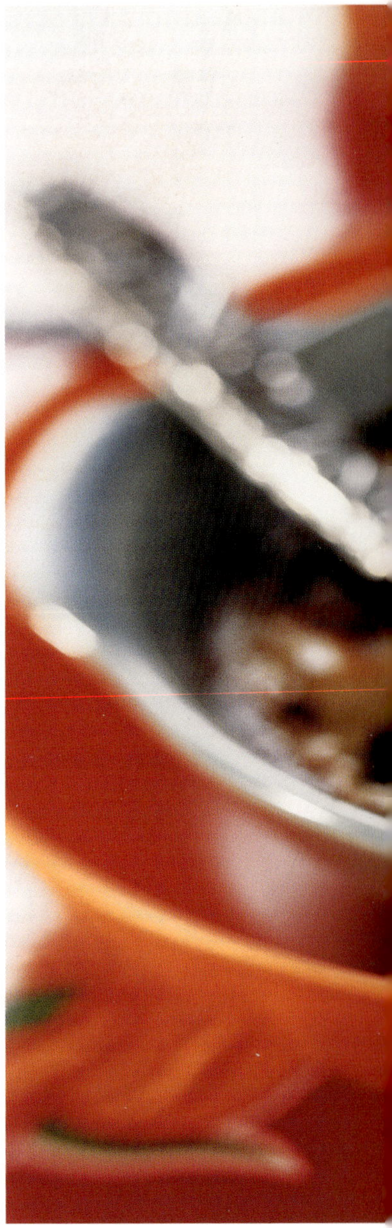

« Un petit village à côté d'Oristano. Les étals du marché sentent bon la Sardaigne. J'achète ces tomates, la poitrine, le parmesan. La marchande, une belle femme aux yeux maquillés de rides, me donne le brin de romarin. Toutes ces saveurs, toutes ces senteurs s'unissent parfaitement dans cette entrée pleine de soleil... »

Salade de courgettes à la coriandre et au cumin

Pour 4 personnes

Préparation_10 min
Cuisson_20 min

1 kg de fines courgettes
1 citron
3 gousses d'ail
4 cuil. à soupe d'huile d'olive
1 cuil. à soupe de coriandre fraîche ciselée
1 pointe de couteau de piment de Cayenne
1 cuil. à café rase de cumin en poudre
Thym, laurier
Gros sel, sel fin, poivre du moulin

_1 Portez à ébullition 2 litres d'eau salée avec 2 gousses d'ail coupées en deux, le thym et le laurier. Lavez les courgettes et coupez leurs extrémités, puis plongez-les dans l'eau bouillante salée et faites-les cuire pendant 20 minutes.

_2 Pendant ce temps, épluchez la gousse d'ail restante et hachez-la finement. Mélangez dans un saladier l'ail haché, la coriandre, le jus du citron, l'huile d'olive, le piment et le cumin.

_3 Égouttez les courgettes, coupez-les en deux dans le sens de la longueur et taillez-les légèrement en biais en tronçons de 1 cm de largeur. Disposez ces derniers dans le saladier, mélangez, salez et poivrez.
Cette salade, qu'il est possible de manger tiède ou froide, peut être accompagnée d'un yaourt nature ou légèrement assaisonné avec du piment de Cayenne.

« L'été, dès l'arrivée des premières chaleurs, je prépare de grands saladiers de courgettes assaisonnées de piment, de cumin, d'ail et parfumées de coriandre. Une salade inratable, faite en un tour de main, pleine de toutes les saveurs du Maghreb. »

Soufflé glacé à la tomate et au tourteau

Pour 4 personnes

Préparation_30 min
Cuisson_de 4 à 5 min

8 tomates de 80 g pièce
500 g de tomates bien mûres
8 g de gélatine en feuilles
1 cuil. à café de ketchup
75 cl de crème liquide
1/2 cuil. à café de Tabasco
1 brin d'estragon
75 g de chair de crabe
Sel fin, poivre du moulin

_1 Plongez les huit tomates dans une casserole d'eau bouillante pendant 30 secondes, puis placez-les dans un récipient d'eau additionnée de glaçons et pelez-les. Coupez un chapeau de 1 cm de hauteur du côté opposé au pédoncule, videz délicatement les tomates avec une cuillère à café sans percer la chair et retournez-les sur du papier absorbant. Taillez huit bandes de papier sulfurisé de 5 cm de large sur 30 cm de long. Entourez chacune des tomates d'une bande de papier sulfurisé, placez-les sur un plat et réservez.

_2 Plongez les tomates bien mûres dans l'eau bouillante pendant 30 secondes, puis rafraîchissez-les dans de l'eau glacée. Pelez les tomates, coupez-les en quatre, épépinez-les et hachez-les grossièrement. Transvasez les tomates hachées dans une casserole, portez à ébullition et laissez cuire pendant 4 à 5 minutes à petits bouillons ; salez et poivrez.

_3 Pendant ce temps, faites ramollir les feuilles de gélatine dans de l'eau froide. Retirez la tomate du feu, ajoutez la gélatine et égouttez. Ajoutez alors le ketchup, le Tabasco, la chair de crabe et l'estragon haché, puis laissez refroidir.

_4 Montez la crème au fouet et incorporez-la à la préparation à la tomate, en mélangeant délicatement avec une spatule en caoutchouc souple. Versez le mélange dans une poche à pâtisserie et remplissez les tomates évidées à hauteur des bandes de papier sulfurisé. Lissez la surface avec une spatule en fer et réservez au réfrigérateur pendant 2 heures au moins. Au moment de servir, retirez délicatement les bandes de papier.

« Tourteau et Tabasco, c'est une partie du soleil de la Louisiane qui s'invite à table avec cette entrée. Là-bas, le crabe est cuisiné sous toutes ses formes, et les piments *tabasco* poussent dans des terres humides cultivées depuis toujours par la famille McIlhenny, propriétaire de la célèbre marque. »

Salade de patate douce au safran et à la cannelle

Pour 4 personnes

Préparation_30 min
Cuisson_20 min

500 g de patates douces
2 courgettes de 250 à 300 g pièce
80 g de raisins blonds secs
15 g de gingembre frais
1/2 gousse d'ail
1 pointe de couteau de safran
1 cuil. à café rase de poudre de cannelle
1 cuil. à soupe de vinaigre de xérès
1 brin de sarriette
1 feuille de laurier
Gros sel, sel fin, poivre du moulin

_1 Portez à ébullition 2 litres d'eau salée et additionnée de la sarriette et du laurier. Essuyez les courgettes, puis plongez-les dans l'eau bouillante et laissez-les cuire pendant 20 minutes.

_2 Pendant ce temps, épluchez les patates douces et taillez-les en cubes d'environ 5 mm de côté. Épluchez le gingembre et l'ail, hachez-les finement. Mettez les cubes de patate douce avec les raisins, le gingembre, l'ail, le safran, 1 cuillerée à café rase de sel et 50 cl d'eau froide dans une casserole, portez à ébullition et laissez cuire pendant 10 minutes à petits bouillons.

_3 Égouttez les courgettes, coupez-les en deux dans le sens de la longueur et ôtez l'intérieur à l'aide d'une cuillère à café, en veillant à ne pas abîmer l'extérieur. Égouttez les patates et versez-les dans un bol, puis ajoutez la cannelle et le vinaigre. Mélangez, rectifiez l'assaisonnement et répartissez cette salade dans les demi-courgettes évidées, puis dégustez-la tiède ou froide.

« Dans les Antilles et en Afrique, on cuisine sans modération la patate douce. J'aime sa réelle douceur, et j'ajoute parfois des abricots et des figues sèches à cette recette. La patate douce peut être remplacée par des carottes. »

Pastèque au chèvre frais, poivre du Sichuan

Pour 4 personnes

Préparation_20 min
Cuisson_2 min

1,5 kg de pastèque
400 g de fromage de chèvre frais
1/2 botte de ciboulette
20 tranches fines de poitrine fumée
2 cuil. à soupe de vinaigre balsamique
2 cuil. à soupe de Worcestershire sauce
3 cuil. à soupe d'huile d'olive
Poivre du Sichuan
Sel fin, fleur de sel, poivre du moulin

_1 Coupez la pastèque en tranches fines et ôtez la peau. Ciselez finement la ciboulette, mélangez-la au fromage de chèvre et à l'huile d'olive, salez et poivrez.

_2 Faites chauffer une poêle sans matière grasse et colorez des deux côtés les tranches de poitrine fumée, posées bien à plat les unes à côté des autres. Mettez hors du feu et versez dans la poêle le vinaigre balsamique et la Worcestershire sauce.

_3 Dressez les tranches de pastèque en éventail. Moulez le fromage en quatre disques à l'aide d'un cercle de 5 cm de diamètre, puis piquez les tranches de poitrine fumée dans le fromage.

_4 Arrosez la pastèque et le fromage du mélange de vinaigre balsamique et de Worcestershire sauce. Parsemez de cristaux de fleur de sel et de poivre du Sichuan, moulu au dernier moment.

« Cette recette est aussi très agréable avec du melon galia. La poitrine de porc est facultative. Le poivre du Sichuan apporte une note à la fois poivrée et fruitée, toute en rondeur. Dans le fromage frais, j'ajoute parfois des petits morceaux de chèvre sec et des tomates séchées. »

Terrine d'aubergines, de courgettes et de poivrons au basilic Pour 6 personnes

Préparation_1 h
Cuisson_2 min

700 g d'aubergines
700 g de courgettes
2 poivrons rouges
2 poivrons jaunes
40 cl d'huile d'olive
100 g de feuilles de basilic
Sel fin, poivre du moulin

_1 Lavez les aubergines et les courgettes, essuyez-les et coupez leurs extrémités, puis taillez dans la longueur des bandes d'environ 5 mm d'épaisseur. Coupez les poivrons en quatre dans le sens de la hauteur, ôtez leurs graines et leurs membranes blanches, et épluchez-les à l'aide d'un couteau économe.

_2 Placez les légumes dans un plat large, arrosez-les de 30 cl d'huile d'olive et mélangez bien. Quadrillez chaque morceau de légume de chaque côté sur un gril. Mixez les feuilles de basilic avec le reste d'huile d'olive de façon à obtenir une purée fine.

_3 Chemisez une terrine rectangulaire de 24 x 9 x 6 cm d'une feuille de film plastique que vous laisserez dépasser largement de tous les côtés. Tapissez ensuite transversalement les bords et le fond de bandes d'aubergine grillées, que vous laisserez aussi dépasser des bords de la terrine.

_4 Disposez le reste des légumes par couches successives dans le sens de la longueur, en ajoutant sur chacune d'elles un peu de basilic à l'huile d'olive, du sel et du poivre. Rabattez les bandes d'aubergine sur le dessus, puis recouvrez le tout à l'aide du surplus de film plastique. Posez un poids sur la terrine et réservez-la au réfrigérateur pendant 24 heures. Juste avant de servir, démoulez la terrine et taillez-la en tranches.

« Invité chez des amis avignonnais, j'ai réalisé cette terrine en revenant du marché d'Avignon, si gai et si coloré. J'aime servir cette terrine avec une salade d'herbes mélangées (persil plat, cerfeuil, estragon, coriandre) et du pain de campagne toasté. »

Colombo de ventrèche de thon en salade de légumes crus

Pour 4 personnes

Préparation_45 min
Cuisson_2 min

400 g de ventrèche de thon (ventre)
4 oignons nouveaux
100 g de carottes nouvelles
100 g de branches de céleri (cœur)
100 g de radis roses
8 tomates cerises
1/2 botte de basilic à petites feuilles
1/2 botte de coriandre
5 g de poudre de colombo
10 cl d'huile d'olive + 1 cuil. à soupe
5 cl de vinaigre de vin
Sel fin, poivre du moulin

_1 Taillez la ventrèche en cubes de 15 g environ. Salez, poivrez et mélangez à 4 g de colombo. Recouvrez d'un film plastique et réservez au réfrigérateur.

_2 Épluchez les carottes et le céleri-branche. Coupez les fanes et les racines des radis. Taillez des bandes sur toute la longueur des légumes à l'aide d'un couteau économe et placez-les dans l'eau froide avec des glaçons.

_3 Séparez les oignons de leurs fanes. Effeuillez et lavez le basilic et la coriandre. Rassemblez les légumes égouttés dans un saladier avec les feuilles de basilic et de coriandre, les oignons, les fanes ciselées et les tomates cerises coupées en quatre.

_4 Mélangez l'huile d'olive, le vinaigre et le reste de poudre de colombo dans un bol. Assaisonnez les légumes de cette vinaigrette, salez, poivrez et répartissez le tout dans les assiettes.

_5 Chauffez 1 cuillerée à soupe d'huile d'olive dans une poêle et saisissez-y les cubes de thon pendant 1 minute, en remuant pour leur donner une belle coloration. Répartissez-les sur le lit de salade et servez aussitôt.

« Une association inattendue entre la Martinique et le Japon, entre le colombo et ce morceau d'empereur qu'est la ventrèche de thon, dont tous les Japonais raffolent, à juste titre : ils vont jusqu'à distinguer le *toro*, le *chyutoro* et le *ootoro* ou la partie basse, centrale et haute de la ventrèche, cette dernière étant la plus appréciée par les gourmets nippons… »

Socca et rillettes de maquereaux

Pour 4 personnes

Préparation_30 min
Cuisson_50 min

200 g de farine de pois chiches
6 cuil. à soupe d'huile d'olive
350 g de filets de maquereau frais
150 g de pommes de terre
1 gousse d'ail
120 g d'huile d'olive
10 cl de vin blanc
60 g de carotte
60 g d'oignon
2 citrons jaunes
1 brin de thym
1 feuille de laurier
1 cuil. à café de gros sel
Sel fin, poivre du moulin

_1 Détendez la farine de pois chiches avec 40 cl d'eau, ajoutez l'huile d'olive et laissez reposer à température ambiante.

_2 Épluchez l'ail. Épluchez et émincez la carotte et l'oignon. Placez la carotte, l'oignon, l'ail, le thym, le laurier, le jus des citrons, le vin blanc, 20 cl d'eau et le gros sel dans une casserole, portez à ébullition et laissez cuire à feu doux pendant 15 minutes. Ajoutez alors les filets de maquereau, couvrez et retirez du feu, puis laissez ainsi jusqu'à refroidissement.

_3 Pendant ce temps, épluchez les pommes de terre et cuisez-les à l'eau salée pendant 25 minutes. Égouttez-les et écrasez-les à la fourchette. Sortez les filets de maquereau de leur cuisson, ôtez-leur la peau et émiettez la chair dans la purée de pommes de terre, en prenant garde à bien enlever toutes les arêtes.

_4 Récupérez l'ail de la cuisson, hachez-le finement et incorporez-le à la purée, toujours avec une fourchette ; mélangez en ajoutant l'huile d'olive et 2 cuillerées à soupe de cuisson des maquereaux, préalablement filtrée. Salez, poivrez et réservez au réfrigérateur dans le plat de service.

_5 Versez de la pâte à socca dans des poêles à blinis (ou dans des poêles antiadhésives) et faites cuire pendant 3 à 4 minutes de chaque côté. Préparez ainsi huit soccas bien colorées. Servez-les tièdes, avec les rillettes à part.

« La farine de pois chiches est largement utilisée dans tout le pourtour méditerranéen. La socca nous vient de Nice, mais on retrouve en Italie, à Gênes, à peu près la même recette sous le nom de *panissa*. »

Brochettes d'agneau aux pignons de pin, sauce yaourt et menthe Pour 4 personnes

Préparation_30 min
Cuisson_4 min

500 g de collier d'agneau sans os, haché par le boucher
150 g d'oignons
2 œufs
2 cuil. à soupe de pignons de pin grillés
10 feuilles de menthe
8 cuil. à soupe d'huile d'olive
2 cuil. à soupe de farine
16 tomates cerises jaunes
1 citron vert
Sel fin, poivre du moulin

Pour la sauce yaourt :
2 yaourts nature
50 g de feta
1/2 gousse d'ail (facultatif)
10 feuilles de menthe
Tabasco
Sel fin, poivre du moulin

_1 Épluchez l'oignon et hachez-le finement. Mélangez l'agneau avec l'oignon, les œufs, les pignons de pin grillés et les feuilles de menthe finement ciselées, puis ajoutez 2 cuillerées à soupe d'huile d'olive. Salez et poivrez. Répartissez le mélange en vingt-quatre boulettes que vous roulerez dans la farine. Réservez ensuite au réfrigérateur.

_2 Pour la sauce yaourt, épluchez l'ail et hachez-le finement, puis mélangez-le au yaourt et ajoutez les feuilles de menthe finement ciselées, la feta émiettée et du Tabasco, selon votre goût. Salez, poivrez, couvrez d'un film plastique et réservez au réfrigérateur.

_3 Répartissez, en les intercalant, les boulettes et les tomates cerises sur huit brochettes en bois. Taillez le citron en huit quartiers. Mettez à chauffer le reste d'huile d'olive dans une poêle et faites-y cuire les brochettes 2 minutes de chaque côté (cuisez-les en plusieurs fois, selon la taille de la poêle), puis réservez-les sur du papier absorbant.

_4 Piquez un quartier de citron à l'extrémité de chacune des brochettes, disposez-les sur un plat et servez avec la sauce yaourt à part, dans des ramequins.

« Toujours la Grèce… Le souvenir d'un plat de brochettes dégusté à Corinthe : dans ma recette, je n'ai pas mis de raisins secs afin de ne pas donner de notes trop douces à ces boulettes. La tomate et le yaourt apportent une agréable fraîcheur. »

Salade d'orange et de mérou grillé

Pour 4 personnes

Préparation_30 min
Cuisson_10 min

400 g de filets de mérou sans peau ni arêtes
8 oranges
4 oignons nouveaux
35 g d'olives noires
2 cuil. à soupe de vinaigre de xérès
7 cuil. à soupe d'huile d'olive
1 cuil. à café de graines de pavot bleu
Sel fin, poivre du moulin

Pour la marinade :
50 g d'huile d'olive
1 orange
1 brin de thym
1 feuille de laurier

_1 Préparez la marinade la veille : à l'aide d'un couteau économe, prélevez le zeste de l'orange et ciselez-le finement ; pressez l'orange ; mélangez l'huile d'olive, le jus d'orange, le zeste ciselé, le thym et le laurier, puis versez le tout sur le filet de mérou. Couvrez d'un film plastique et réservez au réfrigérateur.

_2 Le lendemain, pelez les oranges à vif et, à l'aide d'un couteau fin et aiguisé, prélevez les quartiers en enlevant les fines peaux translucides entourant chacun d'eux. Ôtez les racines des oignons, coupez-leur la tige à 5 cm et émincez-les finement dans la hauteur. Dénoyautez les olives et taillez-les en huit dans la longueur.

_3 Versez l'huile d'olive, le vinaigre de xérès, les graines de pavot bleu, les olives et les oignons sur les quartiers d'orange. Salez, poivrez et mélangez délicatement. Préchauffez le four à 180 °C (th. 6). D'autre part, chauffez le gril et quadrillez le filet de poisson des deux côtés, puis terminez la cuisson au four pendant 10 minutes.

_4 Effeuillez (séparez en petits morceaux) le mérou, ou coupez simplement chaque filet en deux. Dressez les oranges en rosace sur les assiettes de service, disposez le mérou au centre et arrosez le tout avec l'assaisonnement des oranges.

« Une salade originale, d'inspiration marocaine : le mérou, un des poissons rois de la Méditerranée, servi ici grillé, associé à une fraîche salade d'orange et au pavot bleu, dont le nom seul fait déjà rêver... »

Purée fine de pois cassés au cumin et à l'huile d'argan Pour 4 personnes

Préparation_30 min
Cuisson_2 h

500 g de pois cassés
1 cuil. à café de cumin
6 cuil. à soupe d'huile d'argan
6 branches de coriandre
50 g d'oignon blanc
50 g d'olives noires
250 g de tomates
Sel fin, poivre du moulin

Pour la pâte à pain :
250 g de farine
10 g de levure de boulanger
5 g de sel fin
1 cuil. à soupe d'huile d'argan

_1 Préparez le levain : versez la levure dans un saladier et mélangez-la avec 5 cl d'eau à température ambiante ; ajoutez 60 g de farine et pétrissez jusqu'à obtenir une pâte souple et homogène, puis recouvrez d'un film plastique et laissez reposez pendant 1 heure à température ambiante.

_2 Mettez les pois cassés dans une casserole avec 2 litres d'eau, ajoutez le cumin, portez à ébullition et laissez cuire à petits bouillons pendant 2 heures.

_3 Pendant ce temps, épluchez l'oignon blanc et ciselez-le finement. Dénoyautez les olives et taillez-les en petits dés. Plongez les tomates dans de l'eau bouillante pendant 30 secondes avant de les rafraîchir dans de l'eau glacée et de les peler. Coupez-les en quatre, épépinez-les et taillez-les en petits dés. Dressez l'oignon, les olives et les dés de tomate sur des petites assiettes. Réservez au frais.

_4 Ajoutez au levain l'huile d'argan, 10 cl d'eau, le sel et la farine. Pétrissez jusqu'à obtenir une pâte lisse et homogène, qui colle aux doigts mais se détache aisément des bords du saladier. Partagez-la en boules de 25 g pièce, que vous étalerez dans la longueur le plus finement possible à l'aide d'un rouleau à pâtisserie.

_5 Faites chauffer dans une poêle 4 cuillerées à soupe d'huile d'argan. Posez les disques de pâte dans l'huile deux par deux, et colorez-les de chaque côté pendant 1 minute : la pâte doit gonfler. Réservez au fur et à mesure sur du papier absorbant.

_6 Égouttez les pois cassés et passez-les au blender pour obtenir une purée fine. Versez celle-ci dans un saladier, salez, poivrez et ajoutez le reste d'huile d'argan ainsi que la coriandre ciselée. À table, présentez le tout dans des petits récipients séparés, chaque convive tartinant son pain de purée de pois chiches et parsemant à volonté dés de tomate, oignon et olives.

« C'est Fatimine qui m'a fait découvrir au Maroc l'huile d'argan. Son goût incomparable et sa robe aux notes d'or sont très peu connus en France malheureusement. Elle parfume, étonne, dans les salades, avec les légumes, les poissons. Il ne faut pas hésiter à mettre le prix pour obtenir une huile de qualité, sans âcreté. »

Mousse d'ail, vinaigrette au café

Pour 6 personnes

Préparation_30 min
Cuisson_5 min

3 têtes d'ail
100 g de poudre d'amandes
100 g de mie de pain de mie
250 g de lait
250 g de crème liquide
8 cl d'huile d'olive
3 blancs d'œuf
12 g de gélatine en feuilles
100 g de pousses d'épinard
Sel fin, poivre du moulin

Pour la vinaigrette :
1 cuil. à soupe de café espresso
3 cuil. à soupe d'huile d'olive
Sel fin, poivre du moulin

_1 Épluchez les gousses d'ail, coupez-les en deux et ôtez leurs germes si nécessaire. Mettez-les dans une casserole, couvrez-les d'eau et portez à ébullition, puis égouttez aussitôt ; répétez sept fois cette opération.

_2 Dès que les gousses ont été égouttées pour la dernière fois, remettez-les dans la casserole avec la crème et faites cuire pendant 5 minutes. Mixez pour obtenir une purée fine, ajoutez la gélatine préalablement ramollie à l'eau froide, salez et poivrez.

_3 Rassemblez la mie de pain et les amandes dans un saladier. Versez dessus le lait et l'huile d'olive, mélangez et laissez gonfler pendant 10 minutes. Incorporez la purée d'ail au mélange de mie de pain et d'amandes, puis rectifiez l'assaisonnement.

_4 Battez les blancs d'œuf en neige, incorporez-les délicatement au mélange et versez la préparation dans une terrine chemisée de film plastique. Réservez au réfrigérateur pendant au moins 6 heures.

_5 Équeutez et lavez les pousses d'épinard. Préparez la vinaigrette en mélangeant le café et l'huile, salez et poivrez.

_6 Sortez la mousse de la terrine et taillez-la en tranches d'environ 1 cm d'épaisseur (après avoir retiré le film plastique, bien sûr) ; il est préférable de tailler deux tranches par personne plutôt qu'une seule plus épaisse.

_7 Répartissez les pousses d'épinard sur le fond des assiettes, posez dessus les tranches de mousse, nappez de quelques traits de vinaigrette et donnez un bon tour de moulin à poivre sur la terrine.

« J'aime le goût fruité de l'ail, qui est cuisiné dans tout le pourtour méditerranéen et au-delà. Dans cette recette, j'enlève le germe si l'ail est acheté après octobre jusqu'en mai. En effet, il donne un goût peu agréable et il est indigeste. La vinaigrette au café vient faciliter la digestion si besoin est. »

Gambas rôties à la citronnelle et au galanga

Pour 4 personnes

Préparation_30 min
Cuisson_2 min

12 gambas crues de 50 g pièce
5 bâtons de citronnelle de 20 cm
1/2 citron
70 g d'huile d'olive
1/2 cuil. à café de galanga en poudre
600 g de tomates
1/2 cuil. à café d'harissa
Sel fin, poivre du moulin

_1 Décortiquez les gambas, en laissant le dernier anneau de la queue. Taillez en biais l'extrémité la plus fine de quatre bâtons de citronnelle et embrochez trois gambas sur chacun d'eux.

_2 Mélangez 20 g d'huile d'olive avec le jus du demi-citron et le galanga. Placez les brochettes de gambas dans un plat, versez dessus le mélange précédent et roulez les brochettes dedans pour qu'elles soient parfaitement enduites. Couvrez d'un film plastique et réservez au réfrigérateur.

_3 Mondez et épépinez les tomates. Concassez finement la chair des tomates et mélangez-la avec le reste d'huile d'olive et l'harissa. Coupez la tige du dernier bâton de citronnelle au ras du bulbe et ôtez les deux ou trois couches de tige séchées. Hachez finement la partie rosée et ajoutez-la à la tomate. Salez et poivrez.

_4 Préchauffez le four à 180 °C (th. 6). Chauffez un plat à four antiadhésif sans matière grasse. Placez les brochettes dans le plat et cuisez-les au four pendant 1 minute, puis retournez-les et poursuivez la cuisson pendant encore 1 minute.

_5 Dressez la tomate concassée dans un bol et rangez les brochettes sur le plat de service.

« Pour assaisonner ces petites gambas, j'utilise une épice, le galanga, qui vient compléter avec des notes de cardamome et de gingembre le parfum des tiges de citronnelle tant utilisées en Inde, en Afrique, au Brésil et dans les Antilles. Pour me rapprocher encore plus de ces contrées, j'ajoute parfois à cette recette 50 g de noix de coco râpée. »

Chaussons à la feta, à la roquette et à la menthe

Pour 4 personnes

Préparation_45 min
Cuisson_de 3 à 4 mn

125 g de roquette
75 g d'oignon
2 brins de menthe
125 g de feta
2 filets d'anchois
1/2 piment rouge
1 cuil. à soupe d'huile d'olive
Sel fin, poivre du moulin

Pour la pâte :
250 g de farine
1 œuf
75 g de lait
1 cuil. à soupe de jus de citron
7 g de levure chimique.
5 cuil. à café d'huile d'olive
1 pincée de sel
1 litre d'huile d'olive pour la friture

_1 Pour préparer la pâte, mélangez la farine avec la levure chimique et le sel ; ajoutez l'œuf, le jus de citron, le lait et l'huile d'olive, puis pétrissez jusqu'à obtenir une pâte souple et homogène. Couvrez d'un film plastique et réservez au réfrigérateur pendant 1 heure.

_2 Équeutez la roquette et lavez-la. Épluchez l'oignon et ciselez-le finement. Effeuillez la menthe et émincez-la. Taillez la feta en cubes d'environ 1 cm de côté. Ôtez les pépins du piment et émincez finement ce dernier. Émincez les filets d'anchois.

_3 Dans une poêle, chauffez l'huile d'olive, versez les oignons ciselés et cuisez de 2 à 3 minutes. Ajoutez la roquette, salez et poivrez. Mélangez avec une spatule puis, dès que la roquette est cuite, étalez-la sur un plat et laissez-la refroidir. Ajoutez la feta, la menthe, les anchois et le piment. Mélangez et rectifiez l'assaisonnement.

_4 Étalez la pâte au rouleau à pâtisserie sur 3 mm d'épaisseur. Détaillez dedans douze disques avec un emporte-pièce uni de 10 cm de diamètre, badigeonnez-les d'eau à l'aide d'un pinceau humide et répartissez 20 g de farce sur chacun d'eux. Pliez-les en forme de chausson, pressez fortement les bords de pâte pour bien les souder et réservez au réfrigérateur pendant 1 heure.

_5 Chauffez l'huile d'olive dans une friteuse à 180 °C. Plongez les chaussons trois par trois pendant 3 à 4 minutes (ils doivent être bien colorés de tous côtés), puis réservez-les au fur et à mesure sur du papier absorbant. On peut accompagner les chaussons d'une sauce au poivron.

« De retour d'un long week-end à Athènes, j'ai réalisé cette recette. Des essais avec d'autres fromages grecs, comme l'agrefou, le skyros ou le koponiski, bien qu'agréables, ne m'ont pas autant convaincu que cette véritable feta de brebis. »

Palmiers au pesto d'oseille

Pour 25 palmiers environ

Préparation_30 min
Cuisson_15 min

250 g de pâte feuilletée
40 g de feuilles d'oseille
1/2 gousse d'ail
20 g de parmesan râpé
15 g de pignons de pin
5 cl d'huile d'olive
Fleur de sel
Sel fin, poivre du moulin

_1 Placez l'oseille, l'ail, le parmesan, les pignons de pin et l'huile d'olive dans un blender, et réduisez le tout en une fine purée bien homogène. Débarrassez ce pesto d'oseille dans un bol, salez et poivrez, puis couvrez d'un film plastique et réservez au réfrigérateur.

_2 Abaissez la pâte feuilletée en un rectangle de 25 x 20 cm, et étalez uniformément le pesto d'oseille sur toute la surface de la pâte.

_3 Rabattez sur 3 cm les côtés du rectangle (pris dans sa plus grande largeur), puis rabattez-les encore une fois de façon que les bords se touchent au centre. Pour finir, pliez en deux la pâte le long de l'axe central et appuyez légèrement pour coller les surfaces de pâte les unes aux autres. Placez le montage bien à plat au réfrigérateur pendant 1 heure.

_4 Préchauffez le four à 200 °C (th. 6-7). Découpez le montage de pâte feuilletée en tranches de 1 cm d'épaisseur, et posez chacune d'elles sur la plaque du four couverte d'une feuille de papier sulfurisé, en laissant un espace de 3 à 4 cm entre deux tranches.

_5 Parsemez de quelques cristaux de fleur de sel, enfournez et laissez cuire pendant 10 minutes, puis baissez la température à 180 °C (th. 6) et prolongez la cuisson de 5 minutes. Retirez la plaque du four et dressez les palmiers sur un plat de service.

« Le mot italien *pesto* s'applique à toutes les sauces crues pilées dans un mortier. Le pesto que je vous suggère ici est réalisé avec de l'oseille, dont la petite pointe d'acidité se marie si bien avec les pignons de pin. Ces palmiers se servent à l'apéritif, ou en accompagnement d'un poisson ou d'une viande blanche par exemple. »

Pizza aux artichauts poivrades, à la mozzarella et au parmesan

Pour 4 personnes

Préparation_30 min
Cuisson_45 min

6 artichauts poivrades
1/2 citron
80 g de mozzarella au lait de bufflonne
40 g de parmesan râpé
2 cuil. à soupe de câpres
10 cl d'huile d'olive
2 brins de sarriette

Pour la pâte à pizza :
100 g de farine
7 g de levure de boulanger
1 cuil. à café d'huile d'olive
1 pincée de sel

Pour le coulis de tomates :
400 g de chair de tomate
60 g d'oignon
1 gousse d'ail
1 brin de thym
1 feuille de laurier
1 cuil. à soupe d'huile d'olive
Sel fin, poivre du moulin

_1 Commencez par préparer le coulis de tomates. Épluchez l'oignon et ciselez-le finement. Épluchez l'ail et hachez-le. Chauffez l'huile d'olive dans une casserole et faites-y revenir l'oignon en lui donnant une légère coloration, puis ajoutez l'ail et laissez cuire pendant 1 minute. Ajoutez alors la tomate, le thym et le laurier. Salez, poivrez, portez à ébullition et faites cuire à petits bouillons pendant 30 minutes. Ôtez le thym ainsi que le laurier, et laissez refroidir.

_2 Préparez maintenant la pâte à pizza. Délayez la levure de boulanger dans 5 cl d'eau tiède. Versez la farine dans une jatte, puis ajoutez le sel, l'huile d'olive, la levure délayée et 60 cl d'eau tiède. Mélangez et pétrissez jusqu'à obtention d'une pâte homogène et souple, que vous roulerez en boule. Laissez cette dernière dans la jatte, couvrez d'une feuille de film plastique et laissez reposer à température ambiante pendant 30 minutes.

_3 Ôtez les feuilles des artichauts poivrades à l'aide d'un couteau d'office en tournant autour du cœur. Coupez chaque tige à 3 cm de la base et enlevez délicatement, en une fine couche, la partie verte du reste de la tige et du fond. Réservez au fur et à mesure les artichauts dans de l'eau additionnée du jus du demi-citron, puis détaillez-les en fines tranches dans le sens de la hauteur à l'aide d'une mandoline. Préchauffez le four à 210 °C (th. 7).

_4 Divisez la pâte en quatre boules de même taille, que vous étalerez en disques de 2 à 3 mm d'épaisseur. Placez ces derniers sur une plaque à pâtisserie recouverte de papier sulfurisé, répartissez dessus le coulis de tomates, placez au centre une tranche de mozzarelle et dressez autour les tranches d'artichaut en rosace.

_5 Parsemez de parmesan râpé, de sarriette effeuillée et de câpres. Arrosez d'huile d'olive, enfournez et laissez cuire pendant 15 minutes.

« En qualité de Savoyard, je ne pouvais manquer de rendre hommage à Marguerite de Savoie, qui fut aussi la première reine d'Italie et donna son nom à la célèbre pizza Margherita. De retour de Naples, j'ai eu envie de cette savoureuse et fraîche pizza où les artichauts poivrades sont consommés crus, comme en Italie. »

Pissaladière au thon et au piment d'Espelette

Pour 4 personnes

Préparation_30 min
Cuisson_45 min

400 g de filet de thon
500 g d'oignons rouges
50 g d'olives noires dénoyautées
1/2 cuil. à café de piment d'Espelette en poudre
2 cuil. à soupe d'huile d'olive
Fleur de sel, sel fin, poivre du moulin

Pour la pâte à pain :
250 g de farine
10 g de levure de boulanger
5 g de sel fin
1 cuil. à soupe d'huile d'olive

_1 Préparez le levain en délayant, de préférence dans un saladier, la levure dans 5 cl d'eau à température ambiante. Ajoutez 60 g de farine et pétrissez jusqu'à obtenir une pâte souple et homogène, puis recouvrez d'un film plastique et laissez reposer pendant 1 heure à température ambiante.

_2 Épluchez et émincez finement les oignons. Faites chauffer l'huile d'olive dans une casserole, ajoutez les oignons, la moitié du piment, du sel et du poivre. Cuisez à feu doux pendant 30 minutes, en remuant régulièrement.

_3 Pendant ce temps, coupez les olives en six dans le sens de la hauteur. Ajoutez-les aux oignons en fin de cuisson, rectifiez l'assaisonnement et laissez refroidir à température ambiante.

_4 Ajoutez au levain l'huile d'olive, 10 cl d'eau, le sel et la farine, puis pétrissez jusqu'à obtenir une pâte lisse et homogène, qui colle aux doigts mais se détache aisément des bords du saladier. Préchauffez le four à 200 °C (th. 6-7).

_5 Partagez la pâte en quatre et étalez chaque morceau en un cercle de 15 cm de diamètre. Posez les disques de pâte sur la plaque du four recouverte de papier sulfurisé, répartissez les oignons dessus, enfournez et laissez cuire pendant 15 minutes.

_6 Taillez le thon en fines escalopes à l'aide d'un couteau à lame fine et bien aiguisée. Sortez les pissaladières du four et dressez sur elles les escalopes de thon en rosace. Nappez d'un trait d'huile d'olive, parsemez de cristaux de fleur de sel et du reste de piment d'Espelette. Servez sans attendre.

« La traditionnelle et savoureuse pissaladière niçoise, revue et agrémentée de languettes de thon cru, bien relevée de piment. Les adolescents adorent cette recette, qu'ils dégustent en terrasse… avec les doigts ! »

Cake à la tomate, aux anchois et aux olives parfumé au thym-citron

Pour 6 à 8 personnes

Préparation_20 min
Cuisson_45 min

125 g de beurre
175 g de farine
3 œufs
50 g de sucre
5 g de levure chimique
1 pincée de sel
60 g de tomates séchées
35 g de filets d'anchois à l'huile
60 g d'olives noires de Nyons
2 brins de thym-citron

_1 Si possible, sortez les œufs du réfrigérateur 30 minutes avant de débuter la recette. Préchauffez le four à 180 °C (th. 6).

_2 Travaillez le beurre en le chauffant légèrement pour lui donner la texture d'une pommade. Ajoutez les œufs un à un, en prenant soin de bien incorporer chacun d'eux avant de mettre le suivant. Ajoutez alors le sucre, le sel, la levure et la farine. Mélangez jusqu'à ce que la préparation soit homogène.

_3 Taillez les tomates séchées, les anchois et les olives en dés d'environ 5 mm de côté, puis jetez-les ainsi que le thym effeuillé dans la pâte à cake et mélangez.

_4 Versez la préparation dans le moule à cake, enfournez et laissez cuire pendant 45 minutes. Piquez le cake avec la pointe d'un couteau pour vérifier la cuisson : si la lame ressort propre, le cake est cuit. Démoulez-le alors sur une grille et laissez-le refroidir.

« L'anchois, la tomate, les olives, le thym-citron : des produits d'excellence du bassin méditerranéen. J'aime préparer cette recette la veille ou le matin en prévision d'un repas dans le jardin ou d'un pique-nique. Ce cake est aussi un bon compagnon pour remplacer le pain lors d'un déjeuner. »

Pain aux olives et aux pétales de rose

Pour 4 pains

Préparation_30 min
Cuisson_25 min

250 g de farine
65 g de farine complète
12 g de levure de boulanger
1 cuil. à café de sel fin
1/2 cuil. à café de sucre
2 cuil. à soupe d'huile d'olive
100 g d'olives noires dénoyautées
10 boutons de rose séchés

_1 Délayez la levure dans 15 cl d'eau tiède avec le sucre ; laissez reposer pendant 10 minutes dans un endroit chaud.

_2 Réservez quatre boutons de rose, ôtez le pédoncule des autres et écrasez assez finement les pétales entre vos doigts. Hachez finement 25 g d'olives, et coupez les autres en quatre.

_3 Mélangez dans un saladier les farines, le sel, l'huile d'olive, les pétales de rose écrasés et les olives hachées. Ajoutez la levure délayée et pétrissez pendant 10 minutes jusqu'à obtenir une pâte souple et lisse, que vous roulerez en boule. Couvrez cette dernière d'un linge propre et laissez-la reposer pendant 1 heure dans un endroit tempéré.

_4 Pétrissez de nouveau la pâte pendant 2 minutes. Divisez-la en quatre et formez des boules, que vous aplatirez de la paume de la main pour former des disques de 1 cm d'épaisseur. Répartissez les olives coupées en quatre au centre des disques.

_5 Relevez les bords des disques pour enfermer les olives dans la pâte, roulez-les dans le creux de la main pour leur donner une belle forme ronde et piquez dessus les boutons de rose réservés. Placez les boules sur une plaque de four couverte de papier sulfurisé, couvrez d'un linge propre et laissez gonfler pendant 1 heure à température ambiante.

_6 Préchauffez le four à 200 °C (th. 6-7). Enfournez les boules de pâte et laissez-les cuire pendant 10 minutes, puis baissez la température du four à 180 °C (th. 6) et poursuivez la cuisson pendant 15 minutes. Sortez les pains, déposez-les sur une grille et laissez-les refroidir.

« Les pays du Maghreb et du Moyen-Orient utilisent les pétales de rose, notamment pour la fabrication de l'essence de rose. Au Maroc, en Tunisie, les boutons de rose, de la variété chachioud en majorité, sont mélangés avec des épices pour la confection du fameux ras el-hanout. »

Anchois et bananes plantains frites, fromage blanc à la coriandre_Pintade parfumée au rhum, aux fèves de cacao et au piment de la Jamaïque, cuite dans une feuille de bananier_Brochettes d'agneau aux dattes et aux abricots secs, couscous d'orge à l'huile d'argan_Épeautre façon risotto_Couscous de légumes oubliés_Bouillabaisse parfumée à l'orange_Petits légumes farcis à la morue_etc.

plats principaux

Anchois et bananes plantains frites, fromage blanc à la coriandre Pour 4 personnes

Préparation_20 min
Cuisson_10 min

20 anchois frais
3 bananes plantains
20 g d'harissa
1 blanc d'œuf
70 g de semoule de couscous fine
250 g de fromage blanc battu
1/2 botte de coriandre
Huile d'olive pour la friture
Sel fin, poivre du moulin

_1 Demandez au poissonnier d'étêter les anchois et de les vider. Essuyez-les soigneusement sur du papier absorbant puis, à l'aide d'un pinceau, badigeonnez-les avec l'harissa. Trempez-les ensuite dans le blanc d'œuf battu, roulez-les dans la semoule et réservez-les au réfrigérateur.

_2 Épluchez les bananes, coupez chacune d'elles en trois tronçons de même taille et détaillez ces derniers en bâtonnets d'environ 5 mm de large. Mélangez le fromage blanc avec du sel et la coriandre, préalablement effeuillée et ciselée.

_3 Faites chauffer l'huile à 180 °C dans la friteuse et plongez-y les frites de banane, en deux ou trois fois selon la taille de la friteuse. Laissez-les cuire pendant 4 à 5 minutes, jusqu'à ce qu'elles soient bien dorées. Réservez-les sur du papier absorbant, salez, poivrez et couvrez d'une feuille de papier d'aluminium.

_4 Pour frire les anchois, plongez-les délicatement dans l'huile à leur tour, en plusieurs fois au besoin. Laissez-les cuire pendant 2 minutes, de façon qu'ils soient croustillants, puis égouttez-les sur du papier absorbant et donnez quelques tours de moulin à poivre. Faites frire les feuilles de coriandre pendant 1 minute avant de les égoutter.

_5 Dressez les anchois et les frites de banane plantain sur le plat de service choisi, parsemez de feuilles de coriandre frites et servez, accompagné du fromage blanc à la coriandre dans un bol à part.

« Le Cameroun, le Sénégal et le Maroc sont réunis dans cette recette : l'Afrique noire amène les frites de banane, le Maghreb la semoule, la coriandre, l'harissa. Le fromage blanc apporte la douceur, la légèreté, une touche de pureté. »

Keftas de mérou au cumin et à la sauge
Pour 4 personnes

Préparation_20 min
Cuisson_5 min

400 g de filet de mérou sans la peau
70 g d'oignon
1 œuf
1 cuil. à soupe d'huile d'olive
1 cuil. à café rase de cumin en poudre
1 pincée de piment de Cayenne
10 feuilles de sauge
1 cuil. à soupe de farine
Huile de friture
Sel fin, poivre du moulin

_1 Épluchez l'oignon et hachez-le finement. Taillez le mérou en cubes d'environ 5 mm de côté. Dans un récipient, mélangez les cubes de mérou avec l'oignon, l'œuf, l'huile d'olive, les épices et les feuilles de sauge émincées. Salez et poivrez.

_2 Fractionnez la pâte en boulettes de 30 g pièce. Roulez ces dernières une à une entre les paumes, puis dans la farine. Déposez-les au fur et à mesure sur une assiette et réservez au réfrigérateur pendant 30 minutes. Portez de l'huile à 200 °C dans une friteuse.

_3 Plongez la moitié des boulettes dans l'huile et faites-les frire pendant 5 minutes de façon qu'elles soient d'une belle couleur dorée uniforme, puis réservez-les sur du papier absorbant. Répétez l'opération avec le reste des boulettes.

_4 Au moment de les servir, replongez-les toutes ensemble pendant 1 minute dans la friteuse pour les réchauffer. Égouttez-les sur du papier absorbant, salez-les, poivrez-les et servez-les aussitôt.

« Istanbul, le fameux marché aux épices… Les marchands ambulants nous proposent toutes sortes de *keftas*. On retrouve ces brochettes bien épicées – des brochettes de viande en général – dans toutes les rues du Maghreb et du Moyen-Orient. »

Daurade rôtie au four, saveur d'Orient

Pour 4 personnes

Préparation_45 min
Cuisson_1 h

1 daurade de 1 kg,
préparée par le poissonnier
1 kg de pommes de terre
(agria, de préférence)
600 g de tomates
2 poivrons jaunes
1 piment rouge
1 citron jaune non traité
20 brins de coriandre
10 brins de persil plat
2 brins d'origan
2 gousses d'ail (facultatif)
1 cuil. à soupe de paprika
1 cuil. à soupe de carvi en poudre
5 cl d'huile d'olive
Sel fin, poivre du moulin

_1 Épluchez les pommes de terre, les poivrons jaunes et l'ail. Coupez le piment en deux dans le sens de la longueur et ôtez ses graines. Émincez les poivrons jaunes et le piment. Hachez la coriandre et le persil plat. Salez et poivrez l'intérieur de la daurade, farcissez-la avec les herbes hachées et réservez-la au frais. Préchauffez le four à 200 °C (th. 6-7).

_2 Couvrez le fond d'un plat creux allant au four avec les tomates, coupées en rondelles de 1 cm d'épaisseur. Taillez les pommes de terre en rondelles de 1 cm d'épaisseur et dressez-les en rosace sur les tomates. Parsemez le tout d'émincé de poivron jaune et de piment, de sel, de poivre et d'origan effeuillé. Ajoutez 20 cl d'eau et couvrez d'une feuille de papier d'aluminium, puis enfournez et laissez cuire pendant 20 minutes.

_3 Pendant ce temps, hachez l'ail le plus finement possible, mélangez-le à l'huile d'olive, au paprika et au carvi, salez et poivrez. Taillez le citron en rondelles. Sortez le plat du four afin de pouvoir placer la daurade sur les légumes. Arrosez-la du mélange précédent et entourez-la de rondelles de citron. Couvrez avec la feuille de papier d'aluminium, enfournez de nouveau et laissez cuire pendant 35 à 40 minutes.

_4 Lorsque la cuisson est terminée, sortez le plat du four et réservez pendant 5 minutes sur le plan de travail avant de retirer la feuille de papier d'aluminium. Servez aussitôt après, dans le plat de cuisson.

« La daurade royale, surnommée le "poisson aux sourcils d'or", est le poisson préféré des Japonais qui la consomment crue. Elle est ici parfumée par différentes épices dont le carvi, ce cousin du cumin, en plus subtil, déjà utilisé par les Égyptiens et les Romains. »

Mulet farci au riz, aux olives et au citron au sel

Pour 4 personnes

Préparation_30 min
Cuisson_30 min

1 mulet de 1,2 kg, écaillé, ébarbé et vidé, ouïes et yeux ôtés
750 g de tomates
50 g d'olives vertes dénoyautées
50 g de citron au sel
100 g de riz long
2 cuil. à soupe d'huile d'olive
Sel fin, poivre du moulin

Pour la marinade :
2 cuil. à soupe d'huile d'olive
1 cuil. à soupe de jus de citron
2 gousses d'ail
1 cuil. à café de coriandre en poudre
1/2 cuil. à café de piment de Cayenne
1 cuil. à café de cumin en poudre

_1 Rincez rapidement le mulet à l'eau froide avant de l'essuyer, à l'intérieur comme à l'extérieur. Épluchez l'ail, hachez-le finement et mélangez-le avec l'huile d'olive, le jus de citron et les épices. Enduisez l'intérieur du poisson avec la moitié de la marinade et badigeonnez l'extérieur avec le reste. Couvrez de papier-film alimentaire et réservez au frais pendant 2 heures.

_2 Plongez le riz dans de l'eau bouillante salée pendant 6 minutes, puis rafraîchissez-le et égouttez-le. Mondez les tomates, épépinez-les et concassez-les finement. Coupez les olives en quatre. Concassez finement le citron au sel. Dans un bol, mélangez la tomate concassée, le citron au sel, les olives et l'huile d'olive. Salez, modérément à cause du citron, et poivrez. Préchauffez le four à 190 °C (th. 6-7).

_3 Versez la moitié du mélange précédent dans le riz et farcissez le mulet de cette préparation, puis cousez le ventre du poisson avec une aiguille à brider et de la ficelle de cuisine. Déposez le mulet dans un plat à four, entourez-le du reste de tomate concassée, du jus de la marinade et de 2 ou 3 cuillerées à soupe d'eau. Enfournez et laissez cuire pendant 30 minutes, en arrosant régulièrement le poisson de son jus de cuisson ; si nécessaire, ajoutez de l'eau.

_4 Sortez le mulet du four, couvrez-le d'une feuille de papier d'aluminium et laissez-le reposer ainsi pendant 10 minutes dans le four éteint, porte ouverte. Dressez le mulet sur un plat de service, puis récupérez le liquide de cuisson et présentez-le dans une saucière.

« Retour de Fès, au Maroc. Dans la valise, deux bocaux de citrons au sel dont un… cassé ! On trouve maintenant ces citrons confits sur de nombreux marchés et dans toutes les épiceries orientales. Avec ce condiment, le mulet prend une autre dimension. Le riz peut être remplacé par de la semoule. »

Mille-feuilles de rouget-barbet, safran et citron au sel Pour 4 personnes

Préparation_45 min
Cuisson_de 15 à 20 min

300 g de feuilletage
2 rougets-barbets de 600 g, levés par le poissonnier
10 g de graines de pavot bleu
1 jaune d'œuf
100 g de mayonnaise
1 pointe de couteau de safran en poudre
30 g de citron au sel
1 cuil. à soupe d'huile d'olive
Sel fin, poivre du moulin

« Pour le rouget-barbet, il fallait le roi des épices : le safran. Très souvent utilisées en dessert, en Égypte et en Turquie, les graines de pavot bleu apportent des notes croquantes en plus du croustillant du feuilleté, mais aussi des couleurs agréables. »

_1 Ôtez les arêtes des filets de rouget avec une pince à épiler. Étalez le feuilletage sur environ 3 mm d'épaisseur et taillez dedans deux bandes de 7 cm de large sur 35 cm de long. Posez ces dernières sur une plaque à four couverte d'une feuille de papier sulfurisé. Badigeonnez-les, à l'aide d'un pinceau, de jaune d'œuf détendu avec 1 cuillerée à soupe d'eau, parsemez-les de graines de pavot et réservez-les au réfrigérateur pendant 30 minutes.

_2 Préchauffez le four à 200 °C (th. 6-7). Hachez finement le citron au sel, mélangez-le à la mayonnaise, ajoutez le safran et rectifiez l'assaisonnement. Taillez les filets de rouget en deux, légèrement en biais, salez et poivrez. Tartinez-les de mayonnaise côté peau, puis posez-les dans un plat à four, préalablement huilé. Enfournez le feuilletage et laissez-le cuire pendant 15 à 20 minutes, en le recouvrant à mi-cuisson d'une plaque afin de l'aplatir. Laissez-le ensuite refroidir sur une grille.

_3 Mettez le four en position gril. Une fois ce dernier bien chaud, placez les filets de rouget dessous jusqu'à ce que la mayonnaise prenne une belle coloration. Taillez les bandes de feuilletage à l'aide d'un couteau-scie en huit losanges, puis montez les mille-feuilles en intercalant filets de rouget et losanges de feuilletage.

Risotto aux oursins, à la tomme de brebis et aux zestes de citron Pour 4 personnes

Préparation_30 min
Cuisson_25 min

300 g de riz rond pour risotto
100 g d'oignon
50 g de beurre
1 citron jaune non traité
2 gousses d'ail
1,2 litre de bouillon de volaille
5 cl de vin blanc sec
80 g de tomme de brebis fraîche
12 oursins
Sel fin, poivre du moulin

_1 Épluchez l'oignon et ciselez-le finement. Prélevez le zeste du citron à l'aide d'un couteau économe et taillez-le en fine julienne ; pressez le citron. Épluchez les gousses d'ail, coupez-les en deux et ôtez leur germe, puis émincez-les finement. Portez à ébullition le bouillon de volaille.

_2 Faites fondre le beurre dans une casserole, jetez-y les oignons et faites-les cuire sans coloration pendant 3 à 4 minutes. Ajoutez l'ail et laissez cuire pendant 2 minutes de plus, puis ajoutez le riz et mélangez bien. Mouillez avec du bouillon au fur et à mesure de la cuisson.

_3 Pendant ce temps, mettez le zeste de citron dans une casserole, versez de l'eau à hauteur (environ 6 cl), portez à ébullition et laissez cuire pendant 3 minutes. Mettez hors du feu et rafraîchissez en faisant couler de l'eau froide, puis égouttez.

_4 Taillez la tomme en cubes d'environ 5 mm de côté. Pour ouvrir les oursins, enfilez des gants plastiques et, à l'aide d'une paire de ciseaux pointus, découpez du côté du bec. Videz le jus, prélevez le corail avec précaution (utilisez une cuillère à café) et rincez rapidement sous un filet d'eau froide pour éliminer les impuretés.

_5 En fin de cuisson, ajoutez le zeste, le jus de citron et le vin blanc, mélangez et prolongez la cuisson de 2 minutes. Rectifiez l'assaisonnement au besoin, ajoutez les dés de tomme et mélangez, puis parsemez le corail d'oursin et servez aussitôt.

« Ce pourrait être la Méditerranée, mais c'est finalement le Japon qui m'a inspiré cette recette pour mes amis Harumi et Komaï san. Les sushis d'oursin qu'ils m'ont fait découvrir reflètent l'exigence de qualité des Japonais pour toutes ces préparations crues. »

Chapon farci, artichauts à la coriandre et au curcuma

Pour 4 personnes

Préparation_1 h
Cuisson_de 30 à 40 min

1 chapon de 1,5 kg
100 g de pousses d'épinard
300 g de champignons de Paris
150 g d'oignon
300 g de blanc d'encornet
1 cuil. à café rase de galanga en poudre
1 œuf
3 cuil. à soupe d'huile d'olive
Sel fin, poivre du moulin

Pour la cuisson du chapon :
1,2 kg de tomates
2 cuil. à café de graines de coriandre
120 g d'oignon
6 brins de coriandre

Pour la garniture :
8 fonds d'artichaut crus
60 g d'oignon
1 cuil. à café de graines de coriandre
10 cl de vin blanc
1 feuille de laurier
1 cuil. à soupe d'huile d'olive
1 pointe de couteau de curcuma

_1 Écaillez et ébarbez le chapon. Ôtez l'arête centrale en ouvrant le poisson par le dos : pour cela, incisez-le de chaque côté de l'arête, de la tête à la queue, à l'aide d'un couteau, puis coupez l'arête avec des ciseaux à la limite de la tête et à celle de la queue. Videz le chapon, ôtez les ouïes et les yeux, et enlevez les arêtes restées dans la chair à l'aide d'une pince à épiler (vous pouvez aussi demander au poissonnier d'effectuer cette préparation). Rincez rapidement le chapon pour éliminer les traces de sang, essuyez-le bien et réservez-le au réfrigérateur.

_2 Épluchez et hachez l'oignon. Équeutez les épinards, lavez-les, égouttez-les et émincez-les. Coupez le pied des champignons. Émincez le blanc d'encornet.
Faites chauffer 1 cuillerée à soupe d'huile d'olive dans une poêle. Jetez-y les épinards, salez, poivrez et remuez jusqu'à ce qu'ils soient ramollis, puis égouttez-les.
Faites ensuite revenir le blanc d'encornet dans 1 cuillerée à soupe d'huile d'olive ; salez, poivrez et égouttez. Terminez en faisant revenir les champignons dans le reste d'huile d'olive. Ajoutez l'oignon, salez, poivrez et laissez cuire pendant 2 minutes, puis égouttez également.

_3 Une fois tous les ingrédients bien égouttés, hachez-les grossièrement au robot multifonctions. Ajoutez l'œuf et le galanga, et rectifiez l'assaisonnement. Salez et poivrez l'intérieur du chapon, remplissez-le de farce et attachez-le avec de la ficelle de cuisine (pour ce faire, piquez de part en part tout le long du dos de piques en bois, puis passez une ficelle de cuisine entre les piques comme pour lacer une chaussure). Préchauffez le four à 180 °C (th. 6).

_4 Épluchez et émincez finement l'oignon. Mixez ensuite les tomates avec les graines de coriandre de façon à les réduire en jus, que vous passerez au chinois fin ou à la passette à thé. Répartissez les oignons émincés au fond d'un plat creux allant au four, versez par-dessus le jus de tomate, parsemez de feuilles de coriandre et posez le chapon sur le tout. Enfournez et laissez cuire pendant 30 à 35 minutes, en arrosant régulièrement le poisson de son jus de cuisson.

_5 Pendant ce temps, coupez les fonds d'artichaut en quatre ou en six. Épluchez l'oignon et hachez-le finement. Faites chauffer l'huile d'olive dans une cocotte, jetez-y les artichauts, les oignons et la coriandre, et faites cuire sans laisser colorer pendant 3 à 4 minutes. Mouillez avec le vin blanc et 20 cl d'eau, portez à ébullition et ajoutez le laurier, du sel et du poivre, puis réduisez le feu et laissez cuire à petits bouillons pendant 20 minutes.

_6 Sortez délicatement le chapon de son plat de cuisson pour le déposer sur un autre plat, que vous réserverez au chaud dans le four éteint, porte entrouverte. Transvasez le jus de cuisson du chapon dans une casserole avec les trois quarts de celui des artichauts. Mixez, passez au chinois, rectifiez l'assaisonnement et réservez au chaud. Saupoudrez les artichauts de curcuma et mélangez. Ôtez la ficelle du chapon et les piques en bois, placez le poisson sur le plat de service, puis entourez-le d'artichauts et nappez-le de 2 à 3 cuillerées de sauce.

Bouillabaisse parfumée à l'orange

Pour 6 personnes

Préparation_1 h
Cuisson_1 h

2 rougets-grondins de 600 g pièce (étêtés et vidés)
2 filets de rascasse de 150 g pièce
300 g de congre sans peau
300 g de filet de lotte
300 g de filet de saint-pierre
1 cigale de mer de 1 kg (facultatif)
12 pommes de terre (des rattes, si possible)
2 fenouils de 300 g pièce
Pain baguette

Pour la soupe de poissons :
2 kg de poissons pour soupe
4 tomates
1 oignon
2 gousses d'ail
1 branche de céleri
1 cuil. à soupe de concentré de tomates
1 cuil. à soupe de graines de fenouil
1 orange
2 cuil. à soupe d'huile d'olive
1 pointe de couteau de safran en poudre
Sel fin, poivre du moulin

Pour la rouille :
2 jaunes d'œuf
4 gousses d'ail
3 pincées de piment de Cayenne
1 pointe de couteau de safran en poudre
25 cl d'huile d'olive
1/2 citron vert

_1 Commencez par préparer la soupe de poissons. Videz, grattez, étêtez et rincez rapidement les poissons, épongez-les et coupez-les en tronçons. Épluchez l'oignon et émincez-le finement. Épluchez l'ail et hachez-le. Lavez les tomates et coupez-les en morceaux. Émincez le céleri-branche. Prélevez le zeste de l'orange à l'aide d'un couteau économe (réservez l'orange, dont le jus servira pour la rouille).

_2 Faites chauffer l'huile d'olive dans une grande casserole et mettez-y à revenir sans coloration l'oignon, l'ail, le céleri et les graines de fenouil pendant 2 minutes. Ajoutez les poissons, salez, poivrez, mélangez et laissez cuire pendant 5 minutes. Mouillez alors avec 1,5 litre d'eau, ajoutez les tomates, le zeste d'orange et le concentré de tomates, puis portez à ébullition et laissez cuire à petits bouillons pendant 30 minutes.

_3 Passez la soupe de poissons au moulin à légumes. Ajoutez la poudre de safran, rectifiez l'assaisonnement et réservez. Épluchez les pommes de terre et faites-les cuire à l'eau salée pendant 20 minutes. Détaillez les fenouils en trois, coupez-les dans la hauteur et faites-les cuire à l'eau bouillante salée pendant 30 minutes.

_4 Préparez maintenant la rouille. Épluchez les gousses d'ail et ôtez les germes. Pilez l'ail pour le réduire en pommade, puis ajoutez les jaunes d'œuf, le piment, le safran, du sel et du poivre. Versez l'huile d'olive au fur et à mesure tout en mélangeant, comme pour monter une mayonnaise. Ajoutez le jus du demi-citron et le jus de l'orange, rectifiez l'assaisonnement et réservez à température ambiante.

_5 Coupez les grondins et le congre en six tronçons. Taillez les filets de poisson en six portions. Arrachez la tête de la cigale et, à l'aide d'un couteau éminceur, tronçonnez la queue en six. Placez les morceaux de poisson et de cigale dans une casserole ou une cocotte assez large, puis recouvrez-les des pommes de terre et des fenouils. Arrosez le tout de la soupe de poissons, portez à ébullition et laissez cuire pendant 15 minutes à petits bouillons.

_6 Taillez le pain en tranches et faites-le griller. Dressez le pain sur des assiettes, et la rouille dans un bol. Servez la bouillabaisse très chaude, dans la cocotte ou dans un plat creux en terre.

Paella au garam massala

Pour 6 personnes

Préparation_1 h
Cuisson_40 min

2 blancs de poulet
2 saucisses de Toulouse
200 g de filet de porc paré net
300 g de filet de lotte paré net
18 moules d'Espagne
150 g de blancs de seiche
6 crevettes crues de 4 g pièce
125 g de fèves écossées
125 g de petits pois écossés
200 g de carottes nouvelles
6 artichauts poivrades
4 tomates
1 oignon
2 gousses d'ail
400 g de riz long
1 cuil. à soupe rase de garam massala
1,5 litre de bouillon de volaille
3 cuil. à soupe d'huile d'olive
Sel fin, poivre du moulin

_1 Taillez les blancs de poulet, le filet de porc et la lotte en cubes d'environ 2 cm de côté. Grattez et lavez les moules. Émincez les blancs de seiche à 1 cm d'épaisseur. Décortiquez les crevettes. Épluchez les carottes et taillez-les en bâtonnets de 5 mm de large. Mondez les tomates, épépinez-les et taillez-les en cubes de 1 cm de côté. Épluchez l'oignon et l'ail ; émincez finement l'oignon.

_2 Ôtez les premières feuilles des artichauts sur trois ou quatre rangées. À l'aide d'un couteau d'office, coupez la pointe des feuilles à la limite du fond ; coupez la tige à 3 cm du fond. Enlevez une fine couche de la partie verte sur le fond, puis coupez les artichauts en quatre dans le sens de la hauteur et réservez-les dans de l'eau citronnée.

_3 Faites chauffer 2 cuillerées à soupe d'huile d'olive dans une cocotte assez large, mettez-y les crevettes, la lotte et la seiche, et faites-les revenir jusqu'à ce qu'elles aient pris une belle coloration. Salez et poivrez. Mettez à revenir le poulet et le porc dans la même huile, salez et poivrez. Ajoutez les oignons, les artichauts égouttés et les carottes ; laissez-les cuire pendant 5 minutes, puis ajoutez la tomate et prolongez la cuisson de 10 minutes.

_4 Versez le riz dans la cocotte et mélangez bien, puis mouillez avec le bouillon de volaille et portez à ébullition. Ajoutez les moules, les crevettes, la lotte, la seiche, les petits pois et les fèves, et laissez cuire pendant 20 minutes à petits bouillons.

_5 Pendant ce temps, faites cuire les saucisses à la poêle pendant 5 minutes dans 1 cuillerée à soupe d'huile d'olive. Hachez l'ail le plus finement possible. Environ 5 minutes avant la fin de la cuisson de la paella, ajoutez l'ail et le garam massala. Mélangez bien, rectifiez l'assaisonnement et servez, directement dans la cocotte ou harmonieusement dressé dans un grand plat.

« Des amis pieds-noirs m'ont fait partager "leur" paella, une vieille recette de famille. Quand ce fut à mon tour de les inviter et de les faire voyager, je leur ai préparé "ma" paella avec ce curry amélioré qu'est le garam massala. »

Tourteaux farcis aux merguez et aux mangues

Pour 4 personnes

Préparation_45 min
Cuisson_15 min

2 tourteaux de 800 g pièce
300 g de merguez
100 g de chair de mangue
100 g d'oignon
1 cuil. à soupe d'huile d'olive
Sel fin, poivre du moulin

Pour la mayonnaise :
1 jaune d'œuf
1/2 citron vert
1/2 cuil. à café de moutarde
3 cuil. à soupe d'huile d'olive
1/2 cuil. à café de ras el-hanout
Sel fin, poivre du moulin

Pour la cuisson des tourteaux :
1 carotte
1 branche de céleri
1 pincée de piment de Cayenne
1 oignon
Thym, laurier
1 cuil. à soupe de gros sel

_1 Préparez la cuisson des tourteaux : portez à ébullition 5 litres d'eau dans une marmite avec les légumes épluchés et émincés, du thym, du laurier, le piment et le gros sel ; faites cuire pendant 10 minutes à petits bouillons. Portez de nouveau à grande ébullition et plongez les tourteaux, puis couvrez et laissez cuire jusqu'au retour de l'ébullition. Retirez alors les tourteaux de la marmite avec une écumoire et laissez-les refroidir.

_2 Pendant ce temps, préparez la mayonnaise : mélangez dans un bol le jaune d'œuf avec la moutarde, salez et poivrez. À l'aide du fouet, montez la mayonnaise en incorporant l'huile d'olive en petit filet. Terminez en incorporant le jus du demi-citron et le ras el-hanout.

_3 Épluchez et ciselez finement l'oignon. Taillez la mangue en dés d'environ 5 mm de côté. Ôtez la peau des merguez. Faites chauffer l'huile d'olive dans une poêle, jetez-y l'oignon et laissez-le revenir pendant 1 à 2 minutes, en lui donnant une légère coloration. Ajoutez la chair des merguez, salez et poivrez.

_4 Une fois les tourteaux refroidis, décortiquez-les et réservez les carapaces pour le service (veillez bien à ne pas laisser de petits morceaux de cartilage dans la chair des tourteaux). Mélangez pour que la chair se sépare, puis ajoutez les dés de mangue et la chair de tourteau dans la poêle, avec la merguez et l'oignon, et rectifiez l'assaisonnement. Dès que le tourteau est chaud, retirez du feu, ajoutez la mayonnaise, mélangez et farcissez les carapaces.

« Un petit restaurant d'où s'échappent de bonnes odeurs près du jardin de Pamplemousses, à Maurice. Après trois heures de vélo, un plat qui ressemble à cette recette nous redonne la force de prendre le chemin du retour malgré la pluie et la nuit qui arrivent. »

Filets de capitaine, achard de légumes

Pour 4 personnes

Préparation_30 min
Cuisson_6 min

650 g de filets de capitaine avec la peau
100 g de courgette fine
100 g de fenouil
100 g de chou-fleur (petits bouquets)
100 g de radis blanc
100 g de carotte
150 g d'oignon
15 g de gingembre
1 gousse d'ail
4 cuil. à soupe d'huile d'olive
2 cuil. à soupe de vinaigre de xérès
1 pointe de couteau de safran en poudre
2 pincées de piment de Cayenne
Sel fin, poivre du moulin

Pour la sauce tomate :
500 g de chair de tomate
50 g d'oignon
1 gousse d'ail
Thym, laurier
1 cuil. à soupe d'huile d'olive
Sel fin, poivre du moulin

_1 Épluchez l'oignon, l'ail et le gingembre. Ciselez finement l'oignon ; hachez l'ail et le gingembre. Mettez à chauffer 3 cuillerées à soupe d'huile d'olive dans une casserole, ajoutez l'oignon et faites-le fondre pendant 5 minutes sans coloration, en remuant sans cesse.

_2 Ajoutez l'ail, le gingembre et les épices, mélangez et laissez cuire pendant 2 minutes. Versez le vinaigre, salez et poivrez, puis retirez du feu et laissez refroidir. Épluchez la carotte et le radis blanc. Émincez le plus finement possible tous les légumes, ajoutez-les au mélange précédent et rectifiez l'assaisonnement.

_3 Préparez la sauce tomate : épluchez l'oignon et l'ail, puis hachez-les séparément ; concassez finement la chair de tomate ; mettez à chauffer le reste d'huile d'olive dans une casserole avec le thym et le laurier ; ajoutez l'oignon et faites cuire pendant 6 minutes sans coloration, puis ajoutez l'ail et prolongez la cuisson de 2 minutes ; ajoutez alors la tomate concassée, salez et poivrez ; portez à ébullition et laissez cuire pendant 8 minutes à feu doux, puis ôtez le thym et le laurier, rectifiez l'assaisonnement et transvasez dans une saucière.

_4 Taillez le filet de capitaine en huit portions de 80 g pièce, que vous salerez et poivrerez. Mettez à chauffer l'huile d'olive dans une poêle et faites-y colorer les morceaux de poisson côté peau pendant 2 minutes, puis retournez-les et laissez-les cuire pendant 3 à 4 minutes de l'autre côté. Épongez-les sur du papier absorbant et dressez, sur un plat ou dans les assiettes de service.

« C'est le poisson des côtes de l'Afrique occidentale. Ce capitaine, surnommé le "grand pourceau", est d'un goût fin et se tient bien à la cuisson. Au Sénégal, j'ai eu la chance de le goûter dès le retour des pêcheurs, préparé dans la braise, cuit entier : un régal... »

Rôti de thon au lard maigre

Pour 4 personnes

Préparation_30 min
Cuisson_15 min pour le thon
15 min pour les légumes

600 g de filet de thon
15 fines tranches de lard maigre
600 g de courgettes fines
12 oignons-fanes nouveaux
40 g de tomates séchées
4 gousses d'ail
1 brin de thym
1 feuille de laurier
1/2 cuil. à café de ras el-hanout
1 cuil. à soupe de graines de moutarde
3 cuil. à soupe d'huile d'olive
Sel fin, poivre du moulin

_1 Salez et poivrez le thon, puis enroulez-le de tranches de lard, en prenant soin de placer toutes les jointures du même côté. Lavez les courgettes, essuyez-les et supprimez leurs extrémités. Coupez-les en quatre dans le sens de la longueur et détaillez-les en tronçons de 1 cm de large. Taillez la tomate séchée en bandes de 5 mm. Coupez les oignons en deux dans le sens de la hauteur.

_2 Préchauffez le four à 200 °C (th. 6-7). Versez 1 cuillerée à soupe d'huile d'olive dans un plat allant au four, placez-y le rôti de thon (jointures posées du côté du plat), enfournez et laissez cuire pendant 15 minutes, en tournant d'un tiers de tour toutes les 5 minutes.

_3 Pendant ce temps, chauffez le reste d'huile d'olive dans une poêle et faites-y revenir les graines de moutarde. Dès qu'elles commencent à éclater, ajoutez les gousses d'ail non épluchées et faites-les revenir pendant 2 minutes.

_4 Ajoutez alors les courgettes et faites-les cuire pendant 5 minutes, puis ajoutez les oignons nouveaux, le thym, le laurier, du sel et du poivre. Mélangez, couvrez et laissez cuire à feu doux pendant 10 minutes, en remuant de temps à autre. Ajoutez enfin les bandes de tomate et le ras el-hanout, mélangez, couvrez et prolongez la cuisson de 5 minutes. Retirez du feu et laissez reposer à couvert.

_5 Sortez le rôti de thon du four, couvrez-le d'une feuille de papier d'aluminium et laissez-le pendant 5 minutes sur la porte du four ouverte (four éteint). Ôtez le thym et le laurier des courgettes, placez ces dernières sur le plat de service et disposez dessus le rôti de thon, préalablement coupé en huit tranches.

« On dit toujours que le thon est le steak de la mer : il est cuisiné ici comme un rôti de bœuf. Pour les amateurs de thon presque cru, il est possible de diminuer la cuisson de 3 à 4 minutes. La chair sera alors beaucoup plus rouge. »

Bars braisés aux oignons rouges et au fenouil roulés dans des feuilles de vigne Pour 2 personnes

Préparation_30 min
Cuisson_45 min

2 bars de 400 g pièce
200 g d'oignons rouges
100 g de fenouil
8 feuilles de vigne en saumure
4 cuil. à soupe d'huile d'olive

Pour la cuisson :
100 g d'oignon
100 g de carotte
60 g de fenouil
1 gousse d'ail
10 cl de noilly prat
10 cl de vin blanc sec

_1 Demandez à votre poissonnier de préparer les bars, qui doivent être écaillés, ébarbés et vidés, ouïes supprimées et arête centrale enlevée par le dos. Ôtez les arêtes restées dans la chair à l'aide d'une pince à épiler.

_2 Épluchez les oignons rouges et émincez-les finement, puis faites de même avec le fenouil. Versez 2 cuillerées à soupe d'huile d'olive dans une casserole, portez sur feu doux et faites-y suer les oignons et le fenouil pendant 30 minutes, en remuant fréquemment. Salez, poivrez, mettez hors du feu et laissez refroidir. Préchauffez le four à 200 °C (th. 6-7).

_3 Salez et poivrez les bars. Répartissez les oignons et le fenouil entre les filets, puis enroulez les poissons de feuilles de vigne. Épluchez l'oignon, la carotte, le fenouil et l'ail destinés à la cuisson. Émincez-les finement et disposez-les sur le fond d'un plat à four. Ajoutez le noilly, le vin blanc, le reste d'huile d'olive et 10 cl d'eau, salez et poivrez. Posez les bars sur le tout, couvrez le plat d'une feuille de papier d'aluminium, enfournez et laissez cuire pendant 15 minutes.

_4 Sortez les bars du plat de cuisson et posez-les sur le plat de service choisi, puis couvrez ce dernier d'une feuille de papier d'aluminium et réservez dans le four éteint, porte ouverte. Mettez les légumes et le bouillon de cuisson dans une casserole, mixez finement le tout et passez-le au chinois. Portez à ébullition, rectifiez l'assaisonnement et nappez-en les bars ; servez le reste en saucière.

« Dès le retour du pêcheur, avec deux bars presque portion, je confectionne cette recette en enrobant ces nobles poissons d'une feuille de vigne. Cette papillotte végétale préserve la juste cuisson du produit. Des pensées pour Serge, mon ami breton de Paris. »

Rougets-barbets de roche grillés

Pour 4 personnes

Préparation_20 min
Cuisson_8 min

8 rougets-barbets de 80 g pièce, grattés et vidés
150 g de fenouil
2 gousses d'ail
1 branche de thym
1 branche de romarin
2 branches de basilic
4 tomates de 60 g pièce
8 champignons de Paris de 30 g pièce
20 g de persil plat effeuillé
20 g de pignons de pin
80 g de fromage blanc
20 g de ciboulette
1 litre d'huile d'olive
Sel fin, poivre du moulin

_1 Lavez et essuyez les herbes. Nettoyez rapidement les champignons sous l'eau froide. Essuyez-les, ôtez les pieds et creusez légèrement l'intérieur des chapeaux. Disposez les rougets les uns contre les autres dans un plat creux, avec les chapeaux des champignons et les tomates coupées en deux. Parsemez dessus le fenouil, finement émincé, les gousses d'ail, coupées en deux, le thym, le romarin et le basilic. Recouvrez d'huile d'olive et réservez au frais pendant 24 heures.

_2 Grillez les pignons dans une poêle sans matière grasse, puis laissez-les refroidir et hachez-les grossièrement avec le persil. Ciselez finement la ciboulette et incorporez-la au fromage blanc. Salez, poivrez et réservez au frais. Préparez les braises de votre barbecue.

_3 Égouttez les rougets et les légumes, salez-les et poivrez-les. Posez les légumes sur le gril, laissez-les cuire pendant 2 minutes, tournez-les d'un quart de tour et laissez-les cuire pendant 2 minutes de plus. Retournez-les alors et faites-les cuire pendant 2 minutes encore, puis tournez-les pour la dernière fois d'un quart de tour et prolongez la cuisson de 2 minutes. Procédez de la même façon pour les rougets, mais la cuisson est de seulement 1 minute par quart de tour.

_4 Déposez 1 cuillerée à soupe de fromage blanc à la ciboulette dans les champignons, et saupoudrez les tomates du mélange de pignons de pin et de persil. Dressez les rougets et les légumes grillés sur un plat, arrosez-les d'un filet d'huile de la marinade et servez aussitôt, en présentant à part du citron et un peu d'huile de la marinade.

« Marseille 1974. Avec une bande de copains, nous découvrons cette ville et ses calanques. Un rouget-barbet m'est proposé, tout frais pêché. Souvent, en préparant cette recette, je me remémore ce vrai moment. Dans le Sud, les rougets sont appréciés comme ça, juste grillés. »

Sardines farcies à l'ossau-iraty

Pour 4 personnes

Préparation_30 min
Cuisson_3 min

16 sardines
1 œuf
70 g d'ossau-iraty vieux, sans croûte (à défaut, un fromage de brebis un peu sec)
35 g de mie de pain de mie rassis
5 cl de lait
1/2 échalote
1/2 botte de persil plat
50 cl d'huile d'olive
Poivre du moulin

_1 Coupez la tête des sardines, écaillez ces dernières puis lavez-les bien. Incisez-leur le ventre pour ôter l'arête centrale, en prenant soin de bien laisser les queues et de ne pas séparer les filets.

_2 Faites tremper la mie de pain dans le lait. Épluchez l'échalote. Effeuillez le persil plat, lavez-le et égouttez-le. Râpez l'ossau-iraty. À l'aide d'un robot multifonctions, hachez finement l'échalote et le persil ; ajoutez l'ossau-iraty râpé, la mie gonflée de lait et l'œuf, puis faites tourner jusqu'à ce que le mélange soit homogène. Réservez au frais pendant 30 minutes.

_3 Étalez les sardines bien à plat sur le plan de travail, peau en dessous, et poivrez-les. Répartissez la farce sur la moitié des sardines, puis posez les autres poissons tête-bêche et appuyez légèrement. Réservez au frais pendant 30 minutes.

_4 Faites chauffer l'huile d'olive dans une poêle de 24 cm de diamètre et, juste avant qu'elle ne fume, plongez-y délicatement les sardines. Laissez-les cuire pendant 2 minutes d'un côté, retournez-les et prolongez la cuisson de 1 minute. Débarrassez au fur et à mesure les sardines sur du papier absorbant. Servez, accompagné d'une salade de mesclun.

« De retour de marché à Anglet, mon fils Flavien m'aide à farcir des sardines avec de l'ossau-iraty, ce fromage qui résume par son nom et son parfum tout le Pays basque. »

Tagliatelles aux herbes, au piment d'Espelette et aux crevettes grises Pour 4 personnes

Préparation_20 min
Cuisson_2 min

200 g de farine
100 g de semoule fine
3 œufs
2 cuil. à soupe d'huile d'olive
1 pincée de sel
3 pincées de piment d'Espelette
5 g de feuilles de coriandre
5 g de feuilles de cerfeuil
5 g de feuilles de menthe
5 g de feuilles de persil plat
5 g de feuilles d'estragon

Pour la garniture :
500 g de tomates cerises
50 g de crevettes grises décortiquées
2 cuil. à soupe d'huile d'olive
Sel fin, poivre du moulin

_1 Lavez et essuyez soigneusement les herbes, puis hachez-les le plus finement possible. Mélangez la farine, la semoule, le sel, le piment et les herbes. Ajoutez l'huile d'olive et les œufs, mélangez et pétrissez pendant 10 minutes pour obtenir une pâte homogène. Formez une boule, roulez-la dans une feuille de papier film et réservez-la au réfrigérateur pendant 30 minutes.

_2 Étalez la pâte à l'aide d'un laminoir à 2 mm d'épaisseur. Détaillez-la en tagliatelles avec le découpoir spécial et farinez bien ces dernières pour qu'elles ne se collent pas les unes aux autres. Portez à ébullition une casserole d'eau salée. Plongez les tagliatelles dans l'eau bouillante, remuez et attendez la reprise de l'ébullition, puis laissez cuire pendant 2 minutes.

_3 Pendant ce temps, faites chauffer une poêle assez large avec l'huile d'olive. Mettez les crevettes dans la poêle et laissez-les revenir pendant 1 minute. Ajoutez les tomates cerises, préalablement coupées en deux, salez et poivrez.

_4 Égouttez les pâtes, versez-les dans la poêle avec les crevettes et les tomates. Étendez le feu, mélangez et rectifiez l'assaisonnement, puis dressez dans le plat de service et servez sans attendre.

« C'est le plat du dimanche soir ou le plat unique après le retour du marché. Le mélange de toutes ces herbes, l'ajout des tomates crues et la saveur marine des crevettes grises donnent un plat très frais. C'est aussi très bon froid, mais avec des spaghettis. »

Oignons farcis aux pieds d'agneau et aux noix de cajou

Pour 4 personnes

Préparation_45 min
Cuisson_4 h pour les pieds
2 h pour les oignons
Réchauffage_15 min

4 oignons jaunes de 325 g pièce
10 pieds d'agneau
40 g de noix de cajou grillées
2 cuil. à soupe d'huile d'olive
Fleur de sel, sel fin, poivre du moulin

Pour la cuisson des pieds :
2 carottes
1 oignon
2 gousses d'ail
Thym, laurier
5 baies de genièvre
2 clous de girofle
1 cuil. à soupe de graines de coriandre
1 cuil. à soupe rase de gros sel

Pour la sauce sucrée-salée :
50 g de miel
50 g de vinaigre balsamique
30 cl de fond de volaille
1 botte de coriandre
Sel fin, poivre du moulin

« D'inspiration créole, cette recette nous vient de nos cousins de Louisiane. Je prépare souvent ce plat la veille, car les pieds d'agneau sont longs à cuire. Mais le résultat en vaut la peine ! »

_1 Flambez les pieds d'agneau et essuyez-les soigneusement avec un chiffon afin de bien enlever les poils. Mettez-les dans une casserole, recouvrez-les largement d'eau froide (5 cm au-dessus des pieds) et ajoutez les légumes de la cuisson, épluchés et coupés en deux, ainsi que le reste des ingrédients. Portez à ébullition, puis laissez cuire pendant 4 heures à petits bouillons, en ajoutant de l'eau au fur et à mesure de la cuisson de façon que les pieds soient toujours recouverts.

_2 Pendant ce temps, préparez les noix de cajou : faites chauffer une poêle antiadhésive, jetez-y les noix de cajou et faites-les colorer en remuant jusqu'à ce qu'elles soient d'une belle couleur brune ; concassez-les ensuite grossièrement. Coupez les gros oignons jaunes au tiers de leur hauteur afin d'obtenir un chapeau pour chacun d'eux. Salez les oignons avec de la fleur de sel et faites-les cuire à la vapeur dans un couscoussier pendant 2 heures.

_3 Préparez la sauce : mettez le miel dans une casserole et faites-le cuire jusqu'à ce qu'il prenne une couleur brune, mais pas brûlée ; versez le vinaigre et le fond de volaille, portez à ébullition et laissez cuire à feu doux pendant 5 minutes ; retirez du feu, salez et poivrez.

_4 Effeuillez la coriandre, coupez-la à l'aide de ciseaux et réservez au réfrigérateur. Une fois les oignons cuits, évidez-les en laissant deux épaisseurs de peau, puis prélevez 300 g de chair d'oignon que vous hacherez finement. Égouttez les pieds d'agneau, décortiquez-les (prenez soin d'enlever tous les os ainsi que tous les cartilages) et hachez-les grossièrement.

_5 Préchauffez le four à 180 °C (th. 6). Faites chauffer l'huile d'olive dans une poêle, jetez-y les pieds d'agneau décortiqués et laissez-les revenir sur feu vif. Ajoutez les noix de cajou et la chair d'oignon hachée, puis rectifiez l'assaisonnement. Remplissez les oignons de farce, couvrez-les de leur chapeau, placez-les dans un plat à four et nappez-les de sauce. Enfournez et laissez cuire pendant 15 minutes.

_6 À l'issue de la cuisson, posez les oignons farcis sur le plat de service choisi. Ajoutez la coriandre coupée dans la sauce chaude, nappez les oignons de cette dernière et servez aussitôt.

Épaule d'agneau "façon sept heures", orecchiette en salade au basilic Pour 6 personnes

Préparation_1 h
Cuisson_3 h

1 épaule d'agneau, désossée à plat et dégraissée (gardez les os)
1/2 pied de veau
50 g de crépine

Pour la garniture du fond de braisage :
1 carotte
1 oignon
2 gousses d'ail
10 g de concentré de tomates
1 clou de girofle
Thym, laurier
2 cuil. à soupe d'huile d'olive
1 cuil. à soupe de gros sel

Pour les légumes marinés :
400 g de tomates
1/2 poivron rouge
1/2 poivron jaune
500 g d'aubergines
2 gousses d'ail
Thym, laurier
20 cl d'huile d'olive

Pour les *orecchiette* en salade :
200 g d'*orecchiette* séchées
100 g de basilic en feuilles
1/2 gousse d'ail
125 g d'huile d'olive
40 g de pignons grillés
50 g de parmesan

_1 Préparez tout d'abord le fond de braisage : épluchez les légumes, émincez la carotte et l'oignon, coupez l'ail en deux ; faites chauffer l'huile d'olive dans une cocotte assez large et mettez-y à revenir les os, le demi-pied de veau et les légumes ; ajoutez le concentré de tomates, du thym, du laurier, le clou de girofle et le gros sel ; mouillez avec 2 litres d'eau, portez à ébullition et laissez cuire à feu doux pendant 1 heure, en écumant régulièrement.

_2 Épluchez les poivrons à l'aide d'un couteau économe, ôtez leurs pépins et leurs membranes blanches, puis taillez-les en bâtonnets d'environ 5 mm de large. Faites revenir ces derniers dans 2 cuillerées à soupe d'huile d'olive pendant 2 à 3 minutes, salez, poivrez et réservez dans un saladier avec le reste d'huile d'olive, l'ail, du thym et du laurier. Mondez et épépinez les tomates, ajoutez-les aux poivrons et réservez au réfrigérateur.

_3 Lavez les aubergines et taillez-les dans le sens de la longueur en tranches d'environ 5 mm d'épaisseur. Arrosez-les avec 4 cuillerées à soupe d'huile de la marinade des poivrons, salez-les, poivrez-les, puis grillez-les sur les deux faces. Réservez-les au frais, sur du papier absorbant.

_4 Étalez l'épaule d'agneau à plat sur le plan de travail, salez-la, poivrez-la et recouvrez sa surface de tranches d'aubergine grillées. Égouttez les poivrons et les tomates, puis répartissez-les sur les aubergines. Roulez l'épaule sur elle-même, entourez-la de crépine et ficelez-la comme un rôti. Faites-la colorer sur toutes les faces dans 2 cuillerées à soupe d'huile de la marinade des poivrons, déposez-la dans le fond de braisage et laissez cuire à petits bouillons pendant 2 heures, en écumant régulièrement.

_5 Faites cuire les pâtes *al dente* à l'eau salée, en suivant les conseils d'utilisation inscrits sur le paquet, puis égouttez-les. Mixez le basilic avec l'ail, le parmesan, les pignons de pin grillés, l'huile d'olive, du sel et du poivre. Une fois l'épaule d'agneau cuite, égouttez-la, coupez-la en tranches et dressez celles-ci sur le plat de service choisi. Assaisonnez les *orecchiette* avec 30 g de sauce au basilic, et servez le reste à part, en saucière.

La salade de pâtes peut être servie tiède ou froide, et l'épaule se déguster chaude ou froide. Dans ce dernier cas, ôtez la ficelle et roulez l'épaule encore chaude dans du film alimentaire bien serré, puis déposez-la dans un récipient pas trop large et versez à hauteur le liquide de cuisson filtré. Laissez refroidir et réservez au réfrigérateur (pendant 24 heures si possible) jusqu'au moment de servir.

Gigot d'agneau farci à la semoule de couscous

Pour 6 personnes

Préparation_30 min
Cuisson_2 h 30

I gigot d'agneau de 1,5 kg, préparé et désossé par le boucher (gardez l'os de la souris)
300 g de semoule à couscous moyenne
4 cuil. à soupe d'eau de fleur d'oranger
20 g de beurre
30 g de raisins secs
20 g d'amandes blanches entières
I cuil. à soupe d'huile d'arachide
I cuil. à soupe de cannelle en poudre
Sel fin, poivre du moulin

Pour la cuisson du gigot :
120 g d'oignon
20 g de beurre
I cuil. à soupe d'huile d'arachide
3 cuil. à soupe de miel
2 cuil. à café de cannelle en poudre
1/2 cuil. à café de safran en poudre

_1 Portez à ébullition 35 cl d'eau avec 1/2 cuillerée à café de sel. Répartissez la semoule sur le fond d'un plat creux et versez dessus l'eau bouillante, puis couvrez d'une feuille de papier d'aluminium et laissez gonfler pendant 10 minutes.

_2 Pendant ce temps, faites chauffer l'huile d'arachide dans une poêle, ajoutez les amandes et remuez jusqu'à ce qu'elles soient d'une belle couleur dorée. Égouttez-les, épongez-les sur du papier absorbant et concassez-les. Égrainez la semoule avec les mains pour que les grains gonflent bien. Mettez-la dans le panier du couscoussier avec les raisins secs et faites cuire à la vapeur pendant 30 minutes.

_3 Une fois la semoule cuite, transférez-la dans un saladier et ajoutez le beurre, l'eau de fleur d'oranger, la cannelle et les amandes, puis égrainez-la de nouveau, avec une fourchette cette fois. Salez et poivrez l'intérieur du gigot. Farcissez-le avec la moitié de la semoule et ficelez-le soigneusement.

_4 Épluchez l'oignon et ciselez-le finement. Faites chauffer l'huile d'arachide dans une cocotte, déposez-y le gigot et colorez-le sur toutes ses faces. Ajoutez l'oignon, le safran, le beurre, 2 cuillerées à soupe de miel, 1 cuillerée à café de cannelle, 50 cl d'eau, du sel et du poivre. Portez à ébullition, couvrez et laissez cuire à petits bouillons pendant 2 heures.

_5 Sortez le gigot de la cocotte. Portez le jus de cuisson à ébullition, ajoutez le reste du miel et de la cannelle, puis faites réduire de moitié : le jus doit napper le dos de la cuillère. Réchauffez le reste de semoule à la vapeur dans le couscoussier. Ôtez la ficelle du gigot, déposez ce dernier sur le plat de service et nappez-le de jus de cuisson. Servez aussitôt, accompagné de la semoule.

« Cannelle-miel-safran : une belle trilogie de parfums et de saveurs empruntée à l'Orient pour un plat généreux à partager entre amis… »

Brochettes d'agneau aux dattes et aux abricots secs, couscous d'orge à l'huile d'argan Pour 4 personnes

Préparation_30 min
Cuisson_6 min

600 g de gigot d'agneau sans os
8 abricots secs
4 dattes (medjool de préférence)
2 tomates
200 g d'orge concassée
2 cuil. à soupe d'huile d'argan
4 cuil. à soupe d'huile d'olive
2 grains de poivre de Java
4 feuilles de sauge
Sel fin, poivre du moulin

Pour la marinade :
3 cuil. à soupe d'huile d'olive
Le jus d'un demi-citron
1 pincée de paprika
2 pincées de piment de la Jamaïque moulu
10 gouttes de Tabasco

« C'est Luc Béchet, qui connaît mon goût pour la cuisine du soleil, qui m'a préparé ces brochettes. J'aime le côté relevé de l'agneau grâce aux épices, la douceur apportée par les dattes, les abricots, et l'arrondi que donne l'huile d'argan. »

_1 La veille, préparez la marinade en mélangeant tous les ingrédients. Coupez le gigot d'agneau en vingt cubes de 3 cm de côté, que vous mêlerez aux abricots entiers et aux dattes, préalablement coupées en deux dans le sens de la longueur et dénoyautées. Arrosez de la marinade, couvrez d'un film alimentaire et réservez au réfrigérateur.

_2 Le lendemain, préparez les brochettes en intercalant morceaux de viande et fruits secs. Mondez les tomates, épépinez-les et concassez leur chair au couteau. Mettez cette dernière dans une casserole avec 2 cuillerées à soupe d'huile d'olive, ajoutez les grains de poivre de Java moulus, salez, poivrez et réservez au chaud.

_3 Faites chauffer dans une casserole 25 cl d'eau avec une pincée de sel fin. Versez l'orge concassée dans un saladier, ajoutez 2 cuillerées à soupe d'huile d'olive et mélangez, puis versez dessus l'eau bouillante salée. Laissez gonfler pendant 10 minutes avant de mélanger.

_4 Pendant ce temps, faites chauffer le reste d'huile d'olive dans une poêle assez grande pour contenir les brochettes. Saisissez ces dernières et laissez-les cuire pendant 3 minutes de chaque côté. Si vous les souhaitez cuites à point, prolongez leur cuisson de 2 minutes.

_5 Mettez de l'eau dans un couscoussier et portez-la à ébullition. Versez l'orge dans le tamis du couscoussier, étalez-la soigneusement et laissez-la cuire pendant 3 minutes. Remuez l'orge, ajoutez-lui l'huile d'argan et égrainez-la avec les doigts. Ciselez finement la sauge.

_6 Dressez, sur un plat ou dans les assiettes de service, les brochettes d'agneau et l'orge, préalablement additionnée de sauge ciselée. Servez le tout avec la fondue de tomates, présentée en saucière.

Tourte d'agneau au parfum de café cardamome

Pour 4 personnes

Préparation_30 min
Cuisson_2 h

600 g d'épaule d'agneau désossée
300 g de carottes
1 fenouil de 250 g
4 artichauts poivrades
8 quartiers de tomate séchée
2 cuil. à café de café moulu
1 grosse pincée de cardamome en poudre
2 cuil. à soupe d'huile d'olive
1 jaune d'œuf
Sel fin, poivre du moulin

Pour la pâte :
350 g de farine
6 g de sel gris

_1 Versez la farine dans un saladier, ajoutez le sel et 20 cl d'eau, puis mélangez et pétrissez pendant 10 minutes pour obtenir une pâte lisse et homogène. Couvrez cette dernière de film alimentaire et réservez pendant 1 heure au réfrigérateur.

_2 Épluchez les carottes et taillez-les en rondelles d'environ 3 mm d'épaisseur. Coupez le fenouil en huit dans le sens de la hauteur. Arrachez les pr emières feuilles des artichauts sur trois ou quatr e rangées ; coupez les pointes des feuilles au ras des fonds, et taillez les tiges à 2 cm des fonds ; à l'aide d'un couteau d'office, enlevez la couche fine de vert sur les fonds, puis coupez ces derniers en quatre. Coupez en trois les quartiers de tomate.

_3 Taillez l'épaule d'agneau en cubes d'environ 2 cm de côté. Mettez l'agneau dans un saladier et ajoutez les carottes, les artichauts, les tomates, le café et la cardamome. Salez, poivrez et mélangez soigneusement.

_4 Étalez la pâte à 3 mm d'épaisseur environ et chemisez-en un plat en terre ou, à défaut, un moule à manqué de 22 cm de diamètre, en laissant dépasser 2 cm de pâte sur le bord du plat ou du moule. Étalez le r este de pâte en un cercle de 24 cm de diamètre. Remplissez la tourte avec le mélange de viande et de légumes, puis lissez la surface à l'aide d'une spatule, rangez les quartiers de fenouil sur le dessus et arrosez d'huile d'olive.

_5 Préchauffez le four à 180 °C (th. 6). Détendez le jaune d'œuf avec 1 cuillerée à café d'eau et badigeonnez-en le surplus de pâte qui dépasse du moule. Recouvr ez la préparation du cercle de pâte, soudez les bor ds en les pinçant et badigeonnez toute la surface de jaune d'œuf. Enfournez et laissez cuire pendant 2 heures.

_6 Servez à la sortie du four, avec à part une saucièr e d'huile d'olive. Découpez le dessus de la pâte (elle ne se mange pas) à l'aide d'un couteau et servez

« La pâte qui recouvre la tourte peut être remplacée par de la pâte à pâté qui, elle, se consomme. Dans ce cas, surveillez attentivement la cuisson afin qu'elle ne brûle pas, et couvrez la tourte de papier d'aluminium en cours de cuisson dès que la pâte est suffisamment colorée. »

Estouffade de bœuf au chocolat, navets et cèpes

Pour 4 personnes

Préparation_45 min
Cuisson_1 h 30

600 g de paleron paré net
350 g d'oignons
4 gousses d'ail
35 g de farine
5 cuil. à soupe d'huile d'olive
15 cl de vinaigre de xérès
30 g de chocolat à 70 % de cacao
200 g de cèpes bouchons
400 g de jeunes navets
1 bâton de cannelle
2 brins d'hysope
2 feuilles de laurier
Sel fin, poivre du moulin

_1 Coupez le paleron en cubes de 40 à 50 g environ. Épluchez les oignons et les gousses d'ail, puis hachez-les finement. Mettez à chauffer 3 cuillerées à soupe d'huile d'olive dans une cocotte, jetez-y les cubes de paleron et faites-les revenir dans l'huile, en remuant pour leur donner une belle coloration. Ajoutez les oignons et l'ail, mélangez et laissez cuire pendant 5 minutes. Versez en pluie la farine, mélangez et prolongez la cuisson de 3 minutes. Ajoutez la cannelle, le laurier et l'hysope, puis mouillez avec le vinaigre et 50 cl d'eau, salez et poivrez. Portez à ébullition, couvrez et laissez cuire à feu doux pendant 1 heure, en écumant de temps à autre si nécessaire.

_2 Pendant ce temps, préparez navets et cèpes. Épluchez les navets, coupez-les en deux dans le sens de la longueur et faites-les cuire pendant 5 minutes à l'eau bouillante, puis égouttez-les. À l'aide d'un couteau d'office, enlevez la terre des champignons. Lavez rapidement ces derniers sous un filet d'eau froide en les frottant avec une brosse à ongles. Essuyez-les délicatement et coupez-les en deux dans le sens de la hauteur. Mettez le reste d'huile d'olive à chauffer dans une poêle et faites-y colorer rapidement les demi-cèpes. Salez et poivrez.

_3 Dès que la viande a cuit pendant 1 heure, ajoutez les navets et prolongez la cuisson de 30 minutes à feu doux, en ajoutant de l'eau si nécessaire, puis séparez la viande et les navets du jus de cuisson. Passez ce dernier au chinois et remettez-le sur le feu. Ajoutez le chocolat, mélangez et rectifiez l'assaisonnement ; attention, le jus ne doit pas bouillir. Remettez la viande, les navets et les cèpes dans le jus, portez à ébullition et laissez mijoter pendant 5 minutes avant de servir.

« Souvenirs d'Espagne et du Mexique. J'aime regarder mijoter cette estouffade : le chocolat peu à peu lie légèrement le jus et lui donne de belles notes presque luisantes. Le temps, c'est aussi de la gourmandise ! »

Tajine de jarret de veau aux fèves et aux pois gourmands, lait de coco et gingembre

Pour 4 personnes

Préparation_30 min
Cuisson_1 h

600 g de jarret de veau net sans os
400 g de fèves écossées
150 g de pois gourmands
150 g d'oignon
1 citron jaune non traité
50 g de gingembre
2 gousses d'ail
2 cuil. à soupe d'huile d'olive
150 g de lait de coco non sucré
Sel fin, poivre du moulin

_1 Coupez le jarret en cubes d'environ 50 g. Épluchez l'oignon et émincez-le, mais pas trop finement. Épluchez et taillez le gingembre en fine julienne. Épluchez et hachez l'ail. Prélevez le zeste de citron à l'aide d'un couteau économe, puis pressez le citron.

_2 Faites chauffer l'huile d'olive dans une cocotte. Salez la viande, poivrez-la et faites-la colorer sur toutes ses faces. Ajoutez les oignons, mélangez et laissez cuire pendant 2 minutes. Ajoutez alors le gingembre, l'ail et le lait de coco, et prolongez la cuisson de 2 minutes. Ajoutez enfin le zeste et le jus de citron dans la cocotte, couvrez et laissez cuire à feu doux pendant 45 minutes.

_3 Pendant ce temps, faites cuire les pois gourmands à l'eau bouillante salée pendant 5 minutes, égouttez-les et laissez-les refroidir. Plongez les fèves dans l'eau bouillante pendant 1 minute, puis rafraîchissez-les et ôtez leurs membranes. Ajoutez les légumes et le lait de coco à la viande, prolongez la cuisson de 5 minutes et servez dans un tajine ou dans un plat creux en terre.

« Faire son marché à Essaouira et réaliser cette préparation avec des amis marocains dans un plat à tajine local mais en y incorporant des produits d'ailleurs, comme le lait de coco. Quand les saveurs voyagent… »

Pintade parfumée au rhum, aux fèves de cacao et au piment de la Jamaïque, cuite dans une feuille de bananier

Pour 4 personnes

Préparation_30 min
Cuisson_20 min

1 pintade
6 bananes freysinettes (ou 2 bananes pas trop mûres)
1 cuil. à soupe de rhum ambré
1 cuil. à café de piment de la Jamaïque moulu
2 cuil. à café de fèves de cacao torréfiées concassées (grué)
200 g de yaourt nature
1 pincée de piment de Cayenne
2 feuilles de bananier
Sel fin, poivre du moulin

_1 Prélevez les cuisses et les filets de la pintade (ou demandez à votre volailler de vous préparer l'oiseau). Ôtez la peau et les os, puis taillez la chair en cubes d'environ 2 cm de côté. Arrosez les cubes de volaille avec le rhum et ajoutez le piment de la Jamaïque, les fèves de cacao, du sel et du poivre. Mélangez, couvrez de film alimentaire et réservez au réfrigérateur pendant 12 heures.

_2 Taillez dans les feuilles de bananier quatre rectangles de 30 x 25 cm. Plongez-les délicatement dans une casserole d'eau bouillante et laissez-les cuire pendant 10 minutes, puis rafraîchissez-les dans de l'eau glacée et égouttez-les.

_3 Épluchez quatre bananes freysinettes et coupez-les en quatre dans le sens de la longueur. Répartissez les cubes de pintade et les quartiers de freysinette sur les feuilles de bananier. Pliez de façon à emprisonner viande et fruits, maintenez à l'aide de piques en bois et faites cuire pendant 20 minutes dans un couscoussier, ou à la vapeur.

_4 Épluchez les dernières bananes freysinettes et écrasez-les dans un bol avec une fourchette, puis ajoutez le yaourt, le piment de Cayenne, du sel et du poivre. Mélangez et réservez au réfrigérateur.

_5 Posez les papillotes directement sur les assiettes de service. Chacun ouvrira sa papillote de feuille de bananier et nappera la viande du mélange de yaourt et de freysinettes, présenté dans un bol à part.

« Rhum, piment, banane, cacao : c'est la Jamaïque, la musique, la danse, une atmosphère propre à ce pays qui donne envie de laisser parler son corps. Ambiance assurée. La feuille de bananier donne du relief à ce plat, mais à défaut on peut le cuire dans du papier d'aluminium. »

Râble de lapin au chèvre et aux olives cassées

Pour 4 personnes

Préparation_45 min
Cuisson_15 min

2 râbles de lapin
100 g de chèvre frais (charolais)
60 g d'olives vertes cassées
100 g de pousses d'épinard
4 cuil. à soupe d'huile d'olive
Sel fin, poivre du moulin

_1 Demandez au volailler de désosser les râbles en laissant les filets attachés ; réservez les rognons.

_2 Ôtez les queues des pousses d'épinard, lavez ces dernières et égouttez-les bien. Faites chauffer 1 cuillerée à soupe d'huile d'olive dans une poêle, ajoutez les épinards, salez et poivrez, puis mélangez sur feu vif jusqu'à ce qu'ils soient cuits. Égouttez-les et laissez-les refroidir.

_3 Dénoyautez les olives. Taillez le fromage de chèvre en deux parts de la longueur des râbles. Coupez les rognons en deux.

_4 Étalez les râbles à plat sur le plan de travail, salez et poivrez, puis répartissez les épinards sur toute la surface de la viande. Placez le fromage de chèvre au centre et ajoutez une rangée d'olives vertes et quatre demi-rognons sur chacun des râbles. Roulez ceux-ci sur eux-mêmes pour enfermer la garniture et ficelez-les bien serré.

_5 Faites chauffer 1 cuillerée à soupe d'huile d'olive dans une poêle, mettez-y les râbles et colorez-les sur toutes les faces. Couvrez et laissez cuire à feu doux pendant 15 minutes, en retournant les râbles à mi-cuisson, puis retirez la poêle du feu et laissez reposer, toujours à couvert.

_6 Enlevez la ficelle et coupez les râbles en tranches. Dressez sur le plat de service choisi ou sur des assiettes chaudes, arrosez d'huile d'olive et servez, accompagné de tagliatelles fraîches par exemple.

« Selon le marché, j'ajoute parfois quelques tomates cerises, jaunes et rouges, dans la poêle 2 minutes avant la fin de la cuisson. C'est ainsi que j'ai réussi à faire manger du lapin à ma petite fille Ambre qui ne résiste pas à ces petites tomates ! »

Fricassée de cailles aux pistaches

Pour 4 personnes

Préparation_30 min
Cuisson_30 min

4 cailles, vidées et coupées en quatre
120 g d'oignon
2 gousses d'ail
600 g de tomates
50 g de pistaches décortiquées
50 g de raisins de Corinthe
1/2 cuil. à café de cumin moulu
1/2 cuil. à café de gingembre en poudre
1/2 cuil. à café de cannelle en poudre
1 pointe de couteau de safran en poudre
30 cl de bouillon de volaille
2 cuil. à soupe d'huile d'olive
Sel fin, poivre du moulin

_1 Épluchez l'oignon et l'ail. Ciselez finement l'oignon et hachez l'ail. Mondez les tomates, épépinez-les et concassez la chair au couteau. Torréfiez les pistaches sur feu vif dans une poêle sans matière grasse, et retirez-les dès qu'elles ont pris une légère coloration et une odeur grillée.

_2 Salez les morceaux de caille, poivrez-les et colorez-les de tous côtés dans de l'huile d'olive bien chaude avant de les retirer. Jetez l'oignon ciselé dans la même huile et donnez-lui une belle coloration. Ajoutez l'ail et laissez cuire pendant 2 minutes, puis ajoutez les épices et prolongez la cuisson de 2 minutes encore. Mouillez avec le bouillon, ajoutez les tomates, portez à ébullition et laissez cuire à petits bouillons pendant 10 minutes.

_3 Placez les morceaux de caille et les raisins dans la cocotte, et poursuivez la cuisson pendant 8 à 10 minutes. Rectifiez l'assaisonnement et ajoutez les pistaches, puis servez dans le plat de service, préalablement chauffé.

« Cette fricassée est rapide à réaliser et elle présente très bien. De plus, ce n'est pas un plat onéreux – les cailles sont aussi cuisinées dans le Maghreb pour cette raison –, et cette préparation aux épices leur conserve tout leur moelleux. »

Pastilla de pigeon aux amandes et à la fleur d'oranger Pour 4 personnes

Préparation_30 min
Cuisson_50 min

5 feuilles de brik
2 pigeons de 500 g pièce
150 g d'oignon
60 g de poudre d'amandes
2 g de sucre
1 cuil. à soupe de fleur d'oranger
1 cuil. à soupe d'huile d'olive
3 œufs
1 jaune d'œuf
100 g de beurre clarifié
Sel fin, poivre du moulin

Pour le mélange d'épices :
3 g de poivre blanc moulu
2 g de gingembre en poudre
1 g de cannelle en poudre
1 g de noix de muscade moulue
2 pointes de couteau de safran en poudre

_1 Préparez le mélange d'épices. Levez les cuisses et les filets des pigeons, puis désossez les cuisses (ou demandez à votre volailler de vous les préparer). Épluchez l'oignon et émincez-le finement. Faites chauffer l'huile dans une cocotte, jetez-y les morceaux de pigeon salés et poivrés, et faites-les colorer côté peau.

_2 Dès qu'ils ont pris une belle couleur, retirez-les et mettez à la place l'oignon émincé, que vous ferez revenir en lui donnant une belle coloration. Ajoutez 3 g de mélange d'épices, remuez et faites cuire pendant 1 minute, puis mouillez et laissez mijoter à feu doux pendant 30 minutes. Montez le feu, portez à ébullition et posez les cuisses de pigeon dans la cocotte. Couvrez et laissez cuire à feu doux pendant 18 à 20 minutes.

_3 Dans un bol, mélangez la poudre d'amandes avec le sucre, l'eau de fleur d'oranger et 2 g de mélange d'épices. Retirez les cuisses de pigeon et réservez-les avec les filets, que vous escaloperez en trois. Battez les œufs à l'aide d'une fourchette, versez-les dans la cuisson des pigeons et portez sur feu doux. Faites cuire pendant 5 minutes en remuant sans cesse, puis laissez refroidir.

_4 Pour monter la pastilla, prenez une poêle antiadhésive de 24 cm de diamètre. Faites fondre le beurre clarifié et badigeonnez-en trois feuilles de brik. Chemisez la poêle de ces dernières, en les faisant se chevaucher et en les laissant dépasser de 10 cm du bord.

_5 Répartissez le mélange d'épices et de poudre d'amandes sur le fond et couvrez-le d'une feuille de brik badigeonnée de beurre clarifié. Versez par-dessus la cuisson liée aux œufs, puis déposez les morceaux de pigeon et refermez la pastilla en rabattant les feuilles de brik vers le centre. Collez ces dernières entre elles avec du beurre clarifié et saupoudrez du reste d'épices.

_6 Préchauffez le four à 200 °C (th. 6-7). Posez la dernière feuille de brik sur le tout et rentrez le bord, en prenant soin de ne pas déchirer la feuille. Badigeonnez la surface de jaune d'œuf, enfournez et laissez cuire pendant 16 à 18 minutes. Démoulez la pastilla sur le plat de service choisi.

« Dans la casbah de Marrakech, une cuisinière ayant travaillé pour la famille royale nous prépare ce chef-d'œuvre de la gastronomie marocaine. Quel ravissement pour le palais et le regard ! J'aime ce moment où la contemplation finit sur la langue... »

Cuisses de poulet rôties aux bâtons de cannelle et aux écorces d'orange confites Pour 4 personnes

Préparation_20 min
Cuisson_15 min

4 cuisses de poulet, désossées par le volailler
2 bâtons de cannelle de 20 cm de long
90 g d'écorces d'orange confites
150 g d'oignon
2 brins de thym
1 feuille de laurier
2 cuil. à soupe d'huile d'olive
Sel fin, poivre du moulin

Pour le mélange d'épices :
3 cuil. à soupe de graines de coriandre
5 cuil. à café de graines de cumin
1/2 cuil. à soupe de graines de fenouil
1/2 cuil. à café de fenugrec
5 clous de girofle
4 capsules de cardamome verte
3 feuilles de cari (à défaut, 1 feuille de laurier)
1/2 cuil. à café de piment de Cayenne

« Dans cette recette, l'orange et la cannelle se marient particulièrement bien avec la volaille. Les notes de cumin, de fenouil et de fenugrec donnent encore plus de légèreté à ce plat. »

_1 Versez dans une poêle toutes les épices à l'exception du piment, et faites chauffer sur feu doux, en remuant sans cesse, jusqu'à ce que les épices prennent une légère coloration et que les arômes se dégagent. Moulez alors finement les épices (la totalité du mélange ne sera pas utilisée pour cette recette ; vous pourrez conserver le reste pendant plusieurs semaines, à condition de le ranger au réfrigérateur, dans une boîte hermétique).

_2 Fendez les bâtons de cannelle en deux dans le sens de la longueur. Coupez les écorces d'orange confites en bandes d'environ 5 mm de large. Étalez les cuisses de poulet à plat sur le plan de travail, côté peau en dessous. Salez, poivrez et saupoudrez de mélange d'épices, puis disposez une rangée d'écorces d'orange sur la longueur de chaque cuisse et placez à côté un demi-bâton de cannelle, en le faisant dépasser d'un côté pour figurer l'os. Roulez les cuisses sur elles-mêmes et attachez-les avec de la ficelle de cuisson (si vous souhaitez qu'elles prennent fortement la saveur des épices, exécutez cette opération la veille).

_3 Préchauffez le four à 180 °C (th. 6). Épluchez l'oignon et hachez-le finement. Faites chauffer l'huile d'olive dans une cocotte pouvant aller au four et roulez-y les cuisses pour les colorer de tous côtés, puis retirez-les. À la place, faites suer l'oignon, sans coloration, pendant 3 à 4 minutes. Ajoutez 1 cuillerée à café de mélange d'épices, remuez et versez 20 cl d'eau. Ajoutez alors le thym et le laurier, portez à ébullition et remettez les cuisses dans la cocotte, puis enfournez et laissez cuire pendant 12 minutes.

_4 Sortez les cuisses de la cocotte et faites réduire d'un tiers le jus de cuisson sur feu vif. Pendant ce temps, enlevez les ficelles des cuisses. Dressez ces dernières sur le plat de service choisi et nappez-les de jus de cuisson réduit (servez le reste de jus en saucière). Il est préférable de retirer le bâton de cannelle avant de couper les cuisses pour les déguster.

Chayottes farcies au confit de porc et à l'ananas

Pour 4 personnes

Préparation_30 min
Cuisson_1 h 50

2 chayottes de 350 g pièce (ou, à défaut, de belles pommes de terre)
600 g d'échine de porc sans os
150 g d'oignon
100 g de chair d'ananas
1 cuil. à soupe de poudre de ras el-hanout
2 cuil. à soupe d'huile d'olive
1 cuil. à soupe de coriandre fraîche, coupée aux ciseaux
Sel fin, poivre du moulin

_1 Taillez l'échine de porc en cubes d'environ 1 cm de côté (le porc peut être remplacé par de l'agneau, du collier par exemple). Épluchez l'oignon et ciselez-le finement. Taillez l'ananas en cubes d'environ 5 mm de côté. Réservez le tout au frais.

_2 Faites chauffer l'huile d'olive dans une cocotte. Mettez-y la viande à colorer pendant 8 à 10 minutes en remuant régulièrement, salez et poivrez. Ajoutez l'oignon ciselé et faites cuire pendant 2 minutes, puis saupoudrez de ras al-hanout et poursuivez la cuisson pendant 1 minute. Versez 20 cl d'eau, portez à ébullition et laissez cuire à petits bouillons pendant 1 h 30. En fin de cuisson, il ne doit plus rester d'eau.

_3 Retirez alors du feu et écrasez la viande à la fourchette pour l'effilocher. Ajoutez les dés d'ananas ainsi que la coriandre, puis rectifiez l'assaisonnement de cette farce. Portez à ébullition de l'eau salée, plongez-y les chayottes épluchées et laissez-les cuire pendant 1 heure.

_4 Préchauffez le four à 180 °C (th. 6). Sortez les chayottes de l'eau avec une écumoire et coupez-les en deux dans le sens de la longueur, puis ôtez le noyau et la moitié de la chair. Farcissez ces demi-chayottes, rangez-les dans un plat allant au four et laissez-les cuire pendant 20 minutes avant de les déposer sur le plat de service.

Si vous utilisez des pommes de terre, préchauffez le four à 200 °C (th. 6-7). Lavez les pommes de terre, enveloppez-les de papier d'aluminium et mettez-les dans un plat tapissé de gros sel, puis enfournez et laissez cuire pendant 1 heure. À l'issue de la cuisson, coupez-les en deux dans le sens de la longueur, évidez-les de moitié, farcissez-les et servez aussitôt.

« Les chayottes, qui poussent aussi bien en Afrique que dans les Caraïbes, se présentent comme de grosses poires un peu granuleuses. Pour préparer le confit de porc, j'ai remplacé le traditionnel colombo, mélange d'épices qui a donné son nom au plat, par du ras el-hanout et j'ai ajouté de la coriandre. Avec ce petit crochet vers le Maghreb, le voyage continue… »

Cochon de lait rôti aux fenouils, à l'ananas et à la cardamome Pour 12 personnes

Préparation_30 min
Cuisson_4 h 20

1 cochon de lait de 6 kg
50 cl d'huile d'arachide
6 fenouils
3 ananas victoria
30 capsules de cardamome
Gros sel, poivre du moulin

Pour la garniture aromatique :
6 carottes
4 oignons
3 branches de céleri
2 fenouils
3 branches de thym
3 branches de romarin

_1 Portez à ébullition 5 litres d'eau salée dans une casserole. Lavez les fenouils et coupez-les en deux dans le sens de la longueur, puis plongez-les dans l'eau bouillante et laissez-les cuire pendant 20 minutes. Épluchez, lavez et taillez en tronçons les légumes de la garniture aromatique. Préchauffez le four à 190 °C (th. 6-7).

_2 Salez l'intérieur du cochon, poivrez-le et farcissez-le avec les demi-fenouils et la cardamome écrasée, puis cousez-le avec une aiguille à brider et de la ficelle de cuisine. Versez l'huile dans une plaque à rôtir, ajoutez le thym, le romarin et la garniture aromatique taillée en morceaux, et faites chauffer. Posez le cochon de lait sur la garniture en position du sphinx. Enveloppez les oreilles et le groin dans du papier d'aluminium, enfournez et laissez cuire pendant 4 heures, en arrosant fréquemment.

_3 Pendant ce temps, épluchez les ananas, en laissant les feuilles attachées aux fruits. Environ 1 heure avant la fin de la cuisson, posez les ananas sur la plaque à rôtir ; ils doivent être bien dorés. À l'issue de la cuisson, sortez délicatement le cochon de lait, déposez-le sur le plat de présentation et entourez-le des ananas rôtis.

« C'est le plat convivial par excellence, et la préparation simple mais inattendue qui l'accompagne fait toujours son effet. Il faut bien arroser le cochon de lait régulièrement pendant la cuisson. L'huile d'arachide peut être remplacée par de l'huile d'olive. Dans la plaque à rôtir, j'ajoute parfois des piments d'Espelette. »

Couscous de légumes oubliés

Pour 4 personnes

Préparation_1 h
Cuisson_35 min

- 4 topinambours de 100 g pièce
- 4 panais de 120 g pièce
- 4 rutabagas de 120 g pièce
- 500 g de patate douce
- 500 g de salsifis
- 200 g de crosnes
- 600 g de cardons
- 3 litres de bouillon de volaille
- 2 g de curcuma en poudre
- 6 g de cumin en poudre
- 3 g de piment de Cayenne
- 250 g de semoule de couscous moyenne
- 40 g de raisins secs noirs
- 2 cuil. à soupe rase de gros sel
- 2 cuil. à soupe d'huile d'olive
- 1 cuil. à soupe d'huile d'argan

_1 Épluchez les légumes à l'aide d'un couteau économe, sauf les crosnes. Coupez les extrémités de ces derniers, placez-les dans un torchon avec 1 cuillerée à soupe de gros sel et frottez-les pour leur enlever la peau. Rincez-les soigneusement.

_2 Taillez la patate douce en quatre dans le sens de la longueur, puis en tronçons de 2 cm. Taillez les rutabagas en quatre dans le sens de la longueur, et les salsifis en deux dans celui de la largeur. Coupez les branches de cardon en deux dans le sens de la longueur, puis en tronçons en biais de 2 cm.

_3 Portez à ébullition le bouillon de volaille avec les épices et 1 cuillerée à soupe de gros sel dans un couscoussier. Faites-y cuire à petits bouillons les topinambours, les panais, les rutabagas et les salsifis. Après 20 minutes, ajoutez les patates douces, les crosnes et les cardons, puis attendez l'ébullition et prolongez la cuisson de 15 minutes.

_4 Pendant ce temps, placez les raisins secs dans un bol et recouvrez-les de bouillon de cuisson des légumes. Mettez la semoule dans un saladier et versez dessus 30 cl de bouillon de cuisson des légumes, puis laissez gonfler pendant 5 minutes avant de mélanger. Transférez la semoule dans le panier du couscoussier, placez-le sur les légumes, couvrez et laissez ainsi pendant 5 minutes.

_5 Versez la semoule dans un saladier avec les raisins, préalablement égouttés. Ajoutez l'huile d'olive et l'huile d'argan, puis égrainez la semoule avec les mains et dressez-la en dôme dans un plat. Mettez les légumes dans un autre plat avec une partie du bouillon, et servez aussitôt.

« J'aime le couscous, et je voulais vous le faire partager avec ces légumes trop injustement oubliés et qui méritent de revenir sur nos tables. S'il vous manque un de ces légumes, vous pouvez cependant le remplacer par des carottes, du céleri ou des navets. »

Briks aux légumes

Pour 4 personnes

Préparation_30 min
Cuisson_3 min

8 feuilles de brik
100 g de fenouil
80 g de courgette
1/2 poivron rouge
20 g d'oignon
20 g de pousses d'épinard
1 cuil. à soupe de sésame doré
3 cuil. à soupe d'huile de sésame
Huile d'arachide pour la friture
Sel fin, poivre du moulin

_1 Pelez le poivron à l'aide d'un couteau économe ; ôtez les pépins et les membranes blanches. Épluchez et émincez finement l'oignon. Équeutez les épinards, lavez-les, essuyez-les et ciselez-les. Taillez le fenouil et la courgette en bâtonnets d'environ 5 mm de large.

_2 Faites chauffer 2 cuillerées à soupe d'huile de sésame dans une poêle, saisissez-y le fenouil et la courgette, salez et poivrez. Laissez cuire sur feu vif pendant 3 minutes, puis débarrassez dans une passette. Dans la même poêle, faites chauffer le reste d'huile de sésame, saisissez-y l'oignon et le poivron, salez et poivrez. Faites cuire sur feu vif pendant 2 minutes, puis ajoutez le sésame, remuez et débarrassez avec les autres légumes. Laissez refroidir et ajoutez les épinards.

_3 Partagez la farce en seize portions d'environ 15 g chacune. Coupez les feuilles de brik en deux et rabattez le bord arrondi de chaque demi-feuille sur le bord droit pour obtenir des bandes. Rabattez ensuite le bord du bas de chaque bande sur le bord d'un côté pour former un petit triangle, sur lequel vous déposerez une portion de farce. Pliez les briks jusqu'en haut des bandes en roulant une fois d'un côté, une fois de l'autre, puis rabattez le haut des feuilles dans un pli pour maintenir les briks fermés.

_4 Dans une friteuse, faites chauffer l'huile à 200 °C et plongez-y les briks pendant 3 minutes, jusqu'à ce qu'ils prennent une belle coloration. À l'issue de la cuisson, égouttez-les sur du papier absorbant.

« Les fameux briouats du Maroc, de Tunisie… Quand je les confectionne, je prépare toujours quatre ou cinq variantes afin de proposer un choix et un plat de résistance complet. J'accompagne ces briks d'une salade d'herbes et de quartiers de citron. On peut les présenter – et donc les plier – sous plusieurs formes : triangles, rectangles ou petits cylindres, par exemple. »

Les briks déclinés de quatre autres façons

Briks à l'agneau

Pour 4 personnes

Préparation_20 min
Cuisson_3 min

8 feuilles de brik
300 g de collier d'agneau sans os
60 g d'oignon
1/4 de botte de persil plat
1/4 de botte de coriandre
4 feuilles de menthe
1/4 de cuil. à café de cumin en poudre
1/4 de cuil. à café de cannelle en poudre
1 cuil. à café de piment doux en poudre
5 cuil. à soupe d'huile d'olive
2 blancs d'œuf
Sel fin, poivre du moulin

_1 Hachez la viande d'agneau, en vérifiant bien qu'il ne reste ni os ni cartilages. Épluchez et ciselez finement l'oignon. Lavez et essuyez soigneusement les herbes, puis effeuillez-les et hachez-les. Mélangez l'agneau haché, les oignons, les herbes et les épices, salez et poivrez.

_2 Répartissez la farce en huit parts égales de 45 g environ chacune. Posez les feuilles de brik à plat, repliez vers le centre deux des côtés et répartissez les parts de farce en carré sur les feuilles. Badigeonnez ensuite de blanc d'œuf le reste de la pâte et repliez (le blanc d'œuf sert à coller les feuilles entre elles). Préchauffez le four à 150 °C (th. 5).

_3 Chauffez l'huile d'olive dans une poêle pouvant contenir deux briks. Faites cuire ces derniers pendant 2 minutes, puis retournez-les et faites-les cuire de l'autre côté pendant 1 minute. À l'issue de la cuisson, égouttez-les sur du papier absorbant et réservez-les au chaud, dans le four, pendant la cuisson des autres briks.

Briks au pageot

Pour 4 personnes

Préparation_20 min
Cuisson_3 min

8 feuilles de brik
300 g de chair de pageot sans peau
60 g d'oignon
1/4 de botte d'estragon
1/4 de botte de cerfeuil
1/2 cuil. à café de gingembre en poudre
1/4 de cuil. à café de coriandre en poudre
1/4 de cuil. à café de graines de fenouil en poudre
1 blanc d'œuf
Huile de friture
Sel fin, poivre du moulin

_1 Ôtez les arêtes des filets de poisson à l'aide d'une pince à épiler, puis coupez finement au couteau la chair du pageot. Épluchez l'oignon et ciselez-le finement. Effeuillez les herbes, lavez-les, essuyez-les soigneusement et hachez-les. Mélangez le pageot, l'oignon, les herbes et les épices, salez et poivrez.

_2 Répartissez la farce en huit parts d'environ 45 g chacune, auxquelles vous donnerez la forme de petits cylindres. Posez à plat les feuilles de brik et repliez deux des côtés vers le centre. Placez un boudin de farce en bas de la feuille de brik, dans le sens de la largeur, puis roulez la farce dans la pâte. Badigeonnez de blanc d'œuf le haut des feuilles sur 5 cm avant de finir de les rouler.

_3 Dans une friteuse, faites chauffer l'huile à 200 °C et plongez-y les briks pendant 3 minutes, jusqu'à ce qu'ils prennent une belle coloration. Égouttez-les sur du papier absorbant et dégustez-les aussitôt.

Briks au fromage de chèvre

Pour 4 personnes

Préparation_10 min
Cuisson_3 min

8 feuilles de brik
300 g de fromage de chèvre mi-sec
1 cuil. à soupe de miel d'acacia
1 cuil. à café de poivre maniguette concassé
1 blanc d'œuf

_1 Divisez le fromage de chèvre en huit parts égales. Posez une feuille de brik à plat et placez un morceau de fromage à une extrémité. Nappez le chèvre de quelques gouttes de miel liquide (s'il est trop dur, chauffez-le doucement afin qu'il se liquéfie) et saupoudrez-le de poivre maniguette.

_2 Pliez vers le centre de la feuille deux des côtés pour former une bande de 10 cm de large. Badigeonnez de blanc d'œuf le haut de la feuille sur 5 cm, puis roulez toute la bande en commençant par l'extrémité où se trouve le fromage. Faites de même pour les sept autres feuilles de brik.

_3 Dans une friteuse, faites chauffer l'huile à 200 °C et plongez-y les briks pendant 3 minutes, jusqu'à ce qu'ils prennent une belle coloration. À l'issue de la cuisson, égouttez-les sur du papier absorbant.

Briks à l'œuf

Pour 4 personnes

Préparation_20 min
Cuisson_2 min 30

4 feuilles de brik
4 œufs
1 blanc d'œuf
200 g d'oignons
1/2 botte de persil plat
25 cl d'huile d'olive
Sel fin, poivre du moulin

_1 Épluchez et hachez finement les oignons. Effeuillez et hachez le persil, préalablement lavé et bien essuyé. Mettez à chauffer 1 cuillerée à soupe d'huile d'olive dans une casserole et faites-y suer les oignons, en leur donnant une légère coloration. Salez et poivrez, puis laissez refroidir et ajoutez le persil haché.

_2 Placez une feuille de brik sur une assiette et pliez les bords de manière à obtenir un carré. Déposez un quart de la farce au centre, cassez un œuf dessus et badigeonnez de blanc d'œuf les bords avant de plier en rectangle.

_3 Chauffez le reste d'huile d'olive, faites-y glisser délicatement le brik et laissez-le cuire pendant 2 minutes d'un côté, en l'arrosant sans cesse. Retournez-le alors avec précaution et poursuivez la cuisson pendant 30 secondes, puis égouttez-le sur du papier absorbant.

Épeautre façon risotto

Pour 4 personnes

Préparation_30 min
Cuisson_45 min

200 g d'épeautre
1,5 litre de bouillon de volaille
6 jeunes navets
8 jeunes carottes
4 cébettes
4 artichauts poivrades
10 g de gingembre frais
40 g de parmesan
1 cuil. à soupe d'huile d'olive
Sel fin, poivre du moulin

« Ce sont les Arabes qui ont introduit l'épeautre en France, via la Sicile. Travailler cette céréale comme un risotto italien est donc un petit clin d'œil à l'histoire ! Détourner une recette de son origine permet de découvrir d'autres chemins... »

_1 Faites chauffer l'huile d'olive dans une casserole, jetez-y l'épeautre et faites-le revenir pendant 2 à 3 minutes. Ajoutez le bouillon de volaille et portez à ébullition, puis laissez cuire à petits bouillons pendant 45 minutes.

_2 Coupez la tige des artichauts à 2 cm du fond et enlevez les feuilles du tour sur trois ou quatre rangs. Coupez les feuilles au ras du fond, ôtez une fine couche de vert sur le fond et sur la tige, puis coupez les fonds d'artichaut en quatre.

_3 Épluchez le reste des légumes, en réservant quelques fanes de carotte et de belles feuilles de navet que vous ferez frire. Taillez les carottes en deux et les navets en quatre, puis jetez-les dans la casserole avec l'épeautre 20 minutes avant la fin de la cuisson de ce dernier. Épluchez le gingembre, hachez-le et ajoutez-le à son tour dans la casserole, 5 minutes avant la fin de la cuisson.

_4 Hachez grossièrement le parmesan au couteau. Émincez finement les cébettes. Rectifiez l'assaisonnement du risotto d'épeautre, puis dressez-le dans des assiettes creuses et parsemez-le de parmesan, de cébette émincée et de fanes de navet et de carotte frites.

Pizza au chutney de tomates et aux fruits

Pour 4 personnes

Préparation_45 min
Cuisson_30 min pour le chutney
de 10 à 15 min pour la pizza

200 g de feta
300 g de farine
20 g de levure de boulanger fraîche
2 cl d'huile d'olive
1 pincée de sel

Pour le chutney de tomates et de fruits
500 g de tomates pelées et épépinées
100 g d'ananas sans la peau
1 mangue
1 granny smith
2 brins de thym frais
Sel fin, poivre du moulin

_1 Délayez la levure dans 15 cl d'eau tiédie. Versez la farine dans un saladier, ajoutez le sel et incorporez petit à petit l'eau avec la levure et l'huile d'olive. Pétrissez pendant 10 minutes, puis transférez la pâte sur le plan de travail fariné et formez une boule. Remettez cette dernière dans le saladier bien fariné, couvrez de film plastique et laissez la pâte lever dans un endroit tempéré pendant au minimum 1 heure, jusqu'à ce qu'elle ait doublé de volume.

_2 Épluchez la mangue et la granny smith. Coupez la mangue en longeant le noyau et taillez la chair en cubes d'environ 1 cm de côté. Coupez la pomme en deux, épépinez-la et taillez-la également en cubes de 1 cm de côté. Faites de même pour les tomates et pour l'ananas. Effeuillez le thym et hachez-le finement avec un couteau.

_3 Versez les tomates et les fruits dans une casserole. Portez à ébullition, salez et poivrez un peu plus que la normale, puis ajoutez le thym et laissez cuire à petit feu jusqu'à évaporation de l'eau de végétation. Mettez hors du feu et laissez refroidir. Pendant ce temps, préchauffez le four à 250 °C (th. 8-9) et détaillez la feta en cubes d'environ 1 cm de côté.

_4 Divisez la pâte en quatre parts égales, que vous étalerez en disques d'environ 20 cm de diamètre. Répartissez au centre de ces derniers le chutney et les cubes de feta. Humectez les bords avec un peu d'eau, pliez les disques en chaussons et appuyez sur les bords pour bien les souder. Enfournez les pizzas et laissez-les cuire pendant 15 à 20 minutes ; si la pâte colore trop vite, baissez la température du four à 230 °C (th. 7-8).

« Un petit clin d'œil aux Antilles et à l'Inde. Je n'ai pas ajouté d'épices car l'acidité de la tomate suffit à relever la garniture. Les enfants adorent cette pizza un peu particulière… »

Petits légumes farcis à la morue
Pour 4 personnes

Préparation_1 h
Cuisson_40 min

4 navets-botte de 50 g pièce
4 oignons-botte de 40 g pièce
4 tomates de 50 g pièce
4 mini-aubergines
4 courgettes-fleurs
1 brin de thym
1 brin de romarin
1 feuille de laurier
2 cuil. à soupe d'huile d'olive

Pour la farce :
300 g de filet de morue
200 g de pommes de terre (des rattes, de préférence)
60 g d'huile d'olive
50 cl de lait
1 brin de thym
1 brin de romarin
1 feuille de laurier
1/2 gousse d'ail
4 feuilles de basilic
1 brin d'origan
10 g de pignons de pin
10 g de filets d'anchois
6 g de câpres
Sel fin, poivre du moulin

_1 Faites dessaler le filet de morue dans de l'eau froide pendant 24 heures, en changeant l'eau trois ou quatre fois. Réservez au frais.

_2 Épluchez les navets. Coupez la tige des oignons à 3 cm et faites cuire navets et oignons dans de l'eau bouillante salée pendant 15 minutes, puis prélevez-les à l'aide d'une écumoire et égouttez-les. Rafraîchissez-les ensuite à l'eau glacée et égouttez-les de nouveau. Faites cuire pendant 3 minutes les courgettes-fleurs dans la même eau, gardée à ébullition ; rafraîchissez-les et égouttez-les.

_3 Préchauffez le four à 180 °C (th. 6). Placez les mini-aubergines dans un plat, arrosez-les de l'huile d'olive et parsemez-les de thym, de laurier et de romarin. Enfournez et laissez cuire pendant 20 minutes.

_4 Coupez un chapeau aux tomates, puis videz ces dernières en prenant soin de ne pas les abîmer. Retournez-les sur une feuille de papier absorbant et réservez. Coupez un chapeau aux navets, aux oignons et aux mini-aubergines, et creusez-les sans abîmer les côtés.

_5 Épluchez et lavez les pommes de terre. Mettez-les dans une casserole d'eau froide, ajoutez une pincée de gros sel et portez à ébullition, puis laissez cuire pendant 20 minutes à petits bouillons. Faites bouillir le lait avec le thym, le laurier et le romarin. Coupez en quatre le filet de morue dessalé et plongez-le dans le lait bouillant. Portez de nouveau à ébullition, mettez hors du feu et laissez cuire pendant 10 minutes à couvert.

_6 Égouttez la morue et effeuillez-la, en prenant soin de bien ôter toutes les arêtes. Égouttez les pommes de terre et écrasez-les à la fourchette, puis ajoutez la morue effeuillée, l'huile d'olive et l'ail finement haché. Salez et poivrez. Séparez la farce en cinq portions : trois de 80 g, une de 60 g et la dernière de 100 g.

_7 Ciselez finement le basilic ; hachez l'origan ; grillez et hachez les pignons de pin ; hachez les filets d'anchois. Mélangez les anchois aux 60 g de farce, mélangez l'origan aux 100 g de farce et mélangez chacun des trois autres ingrédients (basilic, pignons, câpres) à l'une des trois farces restantes.

_8 Remplissez chaque type de légume de l'une de ces cinq farces à l'aide d'une poche à pâtisserie munie d'une douille unie : la tomate avec la farce à l'origan, les navets avec la farce aux câpres, les oignons avec la farce aux anchois, les mini-aubergines avec celle au basilic et les courgettes-fleurs avec la farce aux pignons de pin.

_9 Préchauffez le four à 180 °C (th. 6). Remettez les chapeaux sur les légumes, rangez-les dans un plat et arrosez-les avec l'huile d'olive de la cuisson des mini-aubergines. Enfournez les légumes farcis et laissez-les cuire pendant 15 minutes.

« À Peniche, au Portugal, je déguste des pommes de terre farcies à la morue en plat de résistance, accompagnées d'un colores pour prolonger le plaisir du lieu et du moment. Ces légumes farcis en sont une déclinaison toute personnelle. Si vous ne souhaitez pas réaliser les différentes farces, une seule, selon votre goût, conviendra aux différents légumes. »

Poivrons rouges et jaunes grillés marinés à l'huile d'olive et anchois au sel Pour 1 bocal de 1 litre

Préparation_30 min
Cuisson_5 min

6 poivrons rouges
6 poivrons jaunes
5 anchois au sel
2 gousses d'ail
5 feuilles de laurier
1 brin de romarin
4 brins de thym
40 cl d'huile d'olive de Nyons

_1 Coupez les extrémités des poivrons. Épépinez ces derniers, coupez-les en quatre dans le sens de la hauteur et ôtez les membranes blanches, puis épluchez les quartiers de poivron à l'aide d'un couteau économe. Si la chair est très épaisse, dédoublez-la dans l'épaisseur avec un couteau à lame fine. Coupez les gousses d'ail en deux, épluchez-les et ôtez le germe.

_2 Mettez les poivrons, l'ail épluché et les herbes effeuillées dans un saladier, versez dessus l'huile d'olive et mélangez le tout. Faites chauffer le grill et quadrillez-y les poivrons de chaque côté, en appuyant dessus avec une spatule large. Une fois les poivrons grillés, remettez-les dans l'huile au fur et à mesure.

_3 Dessalez les anchois en les rinçant à l'eau froide, puis en les laissant tremper dans l'eau pendant 15 minutes. Égouttez-les délicatement, épongez-les sur du papier absorbant et levez les filets, en passant la pointe d'un couteau entre le filet et l'arête centrale.

_4 Remplissez le bocal, en intercalant les poivrons, les filets d'anchois, les herbes et l'ail. Couvrez le tout avec l'huile d'olive, fermez le bocal et réservez au réfrigérateur. Ces poivrons peuvent se conserver plusieurs jours durant, et sont à consommer chauds ou froids.

« Chaque famille dans le bassin méditerranéen prépare sa propre recette de poivrons marinés. C'est agréable à toute heure, en entrée ou en accompagnement d'un poisson, comme le rouget, ou d'une viande froide, un gigot par exemple, ou simplement sur du pain de campagne grillé. »

Bavarois au tilleul, jus à la menthe poivrée_Cake aux senteurs de Provence_Eau de gingembre au miel d'oranger_Gâteau de mascarpone, fraises au sucre muscovado_Fougasse à l'ananas et au poivre vert_ Lait d'amande à l'eau de rose_Pastilla au lait aux épices chaudes_Salade d'orange au thé vert et aux dattes_Tarte à la tomate et au miel d'oranger_Vermicelles au lait à la cardamome_etc.

desserts & boissons

Bavarois au tilleul, jus à la menthe poivrée

Pour 6 personnes

Préparation_20 min pour le bavarois
20 min pour le jus à la menthe
Cuisson_5 min

15 g de tilleul
80 g de sucre
30 cl de crème liquide
6 feuilles de gélatine (12 g)

Pour le jus à la menthe poivrée :
1 botte de menthe poivrée
40 g de sucre

_1 La veille, portez à ébullition 50 cl d'eau. Ajoutez le tilleul et retirez du feu, puis couvrez et laissez refroidir avant de réserver au réfrigérateur pendant 12 heures (si vous ne disposez pas de ce temps, veillez à ce que la base du jus soit réalisée au minimum 2 heures avant d'entamer la recette proprement dite, et ajoutez alors 5 g de tilleul). Le lendemain, filtrez l'infusion de tilleul, ajoutez le sucre, faites réduire de moitié et laissez tiédir.

_2 Faites ramollir les feuilles de gélatine dans de l'eau froide, puis égouttez-les et incorporez-les en fouettant dans l'infusion tiède au tilleul. Montez la crème en chantilly et incorporez-lui l'infusion, en mélangeant délicatement avec une spatule souple. Couvrez le fond et les bords de six ramequins de film plastique, versez la préparation dedans et réservez au réfrigérateur.

_3 Portez à ébullition 10 cl d'eau avec le sucre dans une casserole, en mélangeant jusqu'à ce que le sucre soit dissous. Mettez hors du feu et laissez refroidir ce sirop.

_4 Portez à ébullition 1,5 litre d'eau. Pendant ce temps, lavez la menthe et ôtez les plus grosses tiges. Plongez les feuilles dans l'eau bouillante et laissez-les cuire pendant 5 minutes, puis égouttez-les, rafraîchissez-les dans de l'eau glacée et égouttez-les. Mixez la menthe en une fine purée, que vous incorporerez au sirop de sucre.

_5 Démoulez les bavarois et disposez-les sur les assiettes de service. Nappez de quelques traits de jus de menthe poivrée tout autour et servez, accompagné du reste du jus en saucière.

« Dans le jardin, je ramasse cette menthe poivrée abondante, qui peut être remplacée ou complétée par d'autres menthes comme la menthe citronnée, si fine, si parfumée. Le tilleul le plus aromatique provient sans doute de la Drôme ; si vous êtes de cette région, profitez-en pour goûter tout ce que vous propose le tilleul, notamment son miel très typé, très aromatique. »

Cornes de gazelle au romarin et aux zestes de citron séchés Pour 4 personnes, 24 cornes de gazelle

Préparation_1 h
Cuisson_30 min

250 g de farine
125 g de beurre mou
1 œuf
1 jaune d'œuf
1 pincée de sel

Pour la pâte d'amandes :
200 g d'amandes entières mondées
40 g de beurre
100 g de sucre
1 brin de romarin
1 citron jaune non traité

_1 Mélangez la farine, le beurre et le sel dans un saladier jusqu'à ce que le mélange ressemble à de la semoule. Ajoutez l'œuf et pétrissez jusqu'à obtenir une pâte homogène, puis roulez celle-ci en boule et laissez-la reposer au frais pendant 1 heure.

_2 Prélevez le zeste du citron à l'aide d'un couteau économe et faites-le sécher au four à 60 °C (th. 2) pendant 15 minutes. Effeuillez le romarin et hachez-le finement avec les zestes de citron séchés. Pulvérisez les amandes au mixeur. Ajoutez le beurre, le sucre et la moitié du mélange romarin-citron, puis mixez jusqu'à obtenir une pâte.

_3 Étalez la pâte le plus finement possible et taillez dedans des bandes de 4 cm de large. Remplissez de pâte d'amandes une poche à pâtisserie munie d'une douille de 5 mm de diamètre. Dressez un boudin de pâte d'amandes au centre et sur toute la longueur de chaque bande de pâte.

_4 Humectez légèrement les bords de pâte à l'aide d'un pinceau et rabattez-les l'un sur l'autre, puis appuyez pour bien les souder. Laissez 2 ou 3 mm de surplus de pâte et coupez le reste. Badigeonnez les boudins de pâte de jaune d'œuf et saupoudrez-les du reste de mélange romarin-citron.

_5 Préchauffez le four à 130 °C (th. 4). Détaillez les boudins en bâtonnets de 6 cm de long, que vous déposerez au fur et à mesure sur une plaque à pâtisserie couverte d'une feuille de papier sulfurisé. Enfournez et faites cuire pendant 30 minutes, puis laissez refroidir avant de servir.

« C'est comme là-bas… mais un peu différent ! J'affectionne cette recette, dans laquelle j'ai ajouté un brin de romarin qui remplace la traditionnelle fleur d'oranger, par ailleurs aussi très agréable. Je prépare toujours ces gâteaux en grande quantité et je les conserve dans une boîte de fer bien hermétique, dans un endroit sec. »

Mousselines d'avocat aux deux façons : cacao-poivre et anis

Pour 4 personnes

Préparation_20 min

4 avocats mûrs à point
75 g de lait concentré non sucré
10 g de sucre glace
1/4 de citron

Pour le parfum cacao-poivre :
2 cuil. à soupe rase de cacao en poudre non sucré
2 pincées de poivre du Sichuan en poudre

Pour le parfum anis :
3 cuil. à café d'apéritif anisé

_1 Coupez les avocats en deux et ôtez les noyaux. Prélevez la chair à l'aide d'une cuillère à soupe, disposez-la dans un blender et ajoutez le jus du quart de citron, le lait concentré et le sucre glace. Réduisez en une fine purée, que vous répartirez dans deux bols.

_2 Ajoutez dans l'un des bols les ingrédients du parfum cacao-poivre, et dans l'autre ceux du parfum anis. Réservez au frais une dizaine de minutes, puis servez.

« L'avocat, parfois nommé "poire à alligator", a un léger goût de noisette. Il est généralement utilisé salé, mais j'aime le cuisiner en dessert. Ici, c'est tout l'inverse du fameux féroce d'avocat préparé en Martinique, qui ne laisse pas le palais insensible ! Mais cette recette a quand même du "mordant". »

Couscous sucré aux graines d'ajowan

Pour 4 personnes

Préparation_20 min
Cuisson_30 min

250 g de semoule de couscous moyenne
50 g de miel d'oranger
40 g d'huile d'olive
50 g de raisins de Corinthe
35 g de noisettes décortiquées
35 g de pistaches décortiquées
35 g de cerneaux de noix
1 cuil. à soupe d'eau de fleur d'oranger
1 cuil. à café de graines d'ajowan

_1 Versez la semoule dans un saladier. Portez à ébullition 25 cl d'eau avec le miel, versez sur la semoule, mélangez et couvrez le saladier d'un film plastique. Laissez gonfler pendant 5 minutes, puis mélangez et laissez gonfler pendant encore 5 minutes. Mettez à chauffer un couscoussier.

_2 Torréfiez les noisettes, les pistaches et les noix dans une poêle sans matière grasse de façon à leur donner une belle coloration, puis concassez-les en petits morceaux à l'aide d'un couteau. Versez l'huile sur la semoule et égrainez cette dernière en la frottant entre vos mains. Ajoutez alors, en mélangeant soigneusement, les raisins et les fruits secs, l'eau de fleur d'oranger et les graines d'ajowan.

_3 Placez un torchon propre sur le fond du tamis du couscoussier. Versez la semoule dessus, couvrez et laissez cuire pendant 10 minutes, puis transférez le couscous dans un saladier et égrainez-le une nouvelle fois. Au moment de servir, versez le couscous dans le tamis du couscoussier, laissez-le cuire pendant 10 minutes et servez-le, dressé en dôme sur le plat de service.

« C'est en Égypte que j'ai découvert l'ajowan, dont le goût est voisin du thym. Il complète bien les parfums de la fleur d'oranger et des raisins secs. J'aime ce couscous sucré, qui peut aussi être dégusté froid : un dessert idéal pour un buffet. »

Brioches aux figues et aux épices chaudes

Pour 4 personnes

Préparation_40 min
Cuisson_30 min

12 figues fraîches

Pour la pâte à brioche :
250 g de farine
10 g de levure de boulanger
35 g d'eau tiède
5 g de sel
25 g de sucre
3 œufs, à température ambiante
125 g de beurre ramolli

Pour les épices chaudes :
3 capsules de cardamome verte
5 cuil. à café de graines de coriandre
1 cuil. à soupe de cumin
2 clous de girofle
1/2 bâton de cannelle
1/2 noix de muscade

« La figue est bien connue dans tout le bassin méditerranéen, où on l'utilise aussi bien dans les préparations salées, comme les tajines, que sucrées. Ce fruit délicat se marie merveilleusement avec les épices. Un ami libanais les cuisine d'ailleurs ainsi en confiture ; c'est aussi très séduisant. »

_1 La veille, préparez la pâte à brioche et les épices. Délayez la levure avec l'eau tiède. Versez la farine, le sel et le sucre dans un saladier, creusez le mélange en fontaine et ajoutez dans le creux la levure délayée ainsi que les œufs.

_2 Mélangez vigoureusement du bout des doigts jusqu'à ce que la pâte se décolle de la paroi du saladier. Incorporez alors le beurre ramolli et battez jusqu'à ce que la pâte soit bien lisse. Roulez-la en boule, couvrez le saladier d'un torchon humide et laissez reposer à température ambiante (environ 20 °C) pendant 3 à 4 heures.

_3 La pâte doit avoir doublé de volume. Écrasez-la avec les mains farinées pour la faire retomber, puis reformez une boule. Couvrez le saladier d'un film plastique et réservez la pâte au réfrigérateur pendant toute la nuit.

_4 Écrasez les graines de la cardamome et versez toutes les épices (cardamome, coriandre, cumin, girofle, cannelle, muscade) dans une poêle sans matière grasse. Faites chauffer pendant 2 à 3 minutes sur feu doux afin de les torréfier, puis réduisez-les en poudre. Coupez les figues en deux dans le sens de la longueur, saupoudrez-les du mélange d'épices, couvrez d'un film plastique et réservez au réfrigérateur.

_5 Le lendemain, sortez la pâte du réfrigérateur et posez-la sur le plan de travail fariné. Pressez-la avec les mains farinées pour chasser les gaz de fermentation, puis divisez-la en huit parts d'environ 75 g chacune. Roulez-les en boules et aplatissez-les de la paume de la main pour former des disques d'environ 1 cm d'épaisseur.

_6 Préchauffez le four à 180 °C (th. 6). Posez sur chaque disque trois demi-figues, partie coupée sur la pâte. Placez les disques sur la plaque du four couverte d'une feuille de papier sulfurisé et laissez de nouveau lever à température ambiante, sans couvrir, puis enfournez et laissez cuire pendant 30 minutes.

Tarte aux amandes, aux olives et au romarin

Pour 4 personnes

Préparation_40 min
Cuisson_30 min

200 g de farine
100 g de beurre à température ambiante
40 g de sucre
1 œuf
1 cuil. à soupe d'huile d'olive
1 pincée de sel

Pour la crème d'amandes :
150 g de poudre d'amandes
4 œufs
50 g de sucre
4 cuil. à soupe de vin moelleux
Le zeste râpé d'un citron non traité
16 olives de Nyons
1 cuil. à café de romarin haché finement

_1 Préparez la pâte à tarte : versez la farine, le sucre et le sel dans un saladier ; ajoutez le beurre ramolli et mélangez jusqu'à ce que la préparation ressemble à de la semoule ; ajoutez alors l'huile d'olive et l'œuf, mélangez rapidement et formez une boule. Emballez la pâte de film plastique et réservez-la au frais pendant 30 minutes.

_2 Dénoyautez les olives et coupez-les en quatre dans le sens de la longueur. Étalez la pâte sur 2 à 3 mm d'épaisseur et garnissez-en un moule à tarte de 24 cm de diamètre, puis coupez l'excédent de pâte sur les bords et piquez le fond avec une fourchette.

_3 Séparez les blancs des jaunes, et battez ces derniers avec le sucre jusqu'à ce que le mélange blanchisse. Ajoutez en mélangeant le zeste de citron, le romarin, la poudre d'amandes, le vin moelleux et les olives. Battez les blancs en neige, puis incorporez-les délicatement au mélange précédent.

_4 Préchauffez le four à 180 °C (th. 6). Étalez la crème d'amandes sur le fond de pâte, enfournez et laissez cuire pendant 30 minutes. Au terme de la cuisson, laissez refroidir la tarte avant de la démouler.

« De retour de Nyons, après avoir visité cette belle région, j'ai préparé une recette en hommage à la qualité de travail des oléiculteurs. On retrouve dans ce dessert les notes fruitées, suaves et rondes en bouche de l'olive. »

Fougasse à l'ananas et au poivre vert

Pour 4 personnes

Préparation_30 min
Cuisson_de 25 à 30 min

300 g de farine
15 g de levure de boulanger
1 pincée de sel
1 cuil. à soupe d'huile d'olive
150 g de chair d'ananas
1 cuil. à café rase de poivre vert sec
1 cuil. à soupe de sucre en grains
1 jaune d'œuf

_1 Écrasez finement le poivre. Taillez l'ananas en cubes d'environ 1 cm de côté. Délayez la levure avec 20 cl d'eau tiède. Versez la farine dans un saladier et ajoutez le sel et le poivre vert. Creusez une fontaine, versez-y le mélange eau-levure ainsi que l'huile d'olive, puis mélangez jusqu'à ce que la pâte soit souple et homogène.

_2 Posez la pâte sur le plan de travail et étalez-la avec la paume de la main sur 1 cm d'épaisseur. Répartissez dessus les cubes d'ananas, repliez les bords vers l'intérieur et reformez une boule, que vous poserez sur la plaque du four recouverte d'une feuille de papier sulfurisé. Étalez la pâte en un disque de 1 cm d'épaisseur et laissez-la lever pendant 1 heure à température ambiante (de 20 à 25 °C).

_3 Préchauffez le four à 200 °C (th. 6-7). Badigeonnez la fougasse de jaune d'œuf à l'aide d'un pinceau et saupoudrez-la de sucre en grains. Enfournez et faites cuire pendant 25 à 30 minutes, puis laissez refroidir sur une grille.

« J'ai réalisé cette recette la première fois à Mexico avec des fruits tropicaux. En voici une variante, plus accessible dans nos contrées. L'ananas apporte de la fraîcheur avec sa note acide, mais il peut être remplacé par des abricots. Vous pouvez aussi, selon votre goût, diminuer un peu la quantité de poivre vert. »

Tarte sablée aux pêches blanches

Pour 4 personnes

Préparation_30 min
Cuisson_de 35 à 40 min pour les pêches ; 30 min pour la tarte

8 pêches blanches
2 cuil. à café de coriandre en poudre (facultatif)

Pour la pâte sablée :
250 g de farine
125 g d'amandes en poudre
60 g de sucre
60 g de sucre cassonade
150 g de beurre ramolli
1 œuf
1 pincée de sel
1 pincée de cannelle poudre

_1 Mélangez la farine, les amandes en poudre, les sucres, le sel et la cannelle dans un saladier. Ajoutez le beurre ramolli, préalablement détaillé en petits morceaux, et mélangez afin que l'ensemble prenne l'aspect d'une semoule.

_2 Ajoutez alors l'œuf, mélangez rapidement et formez une boule, que vous aplatirez légèrement et plierez dans un film plastique. Réservez au réfrigérateur pendant au moins 1 heure.

_3 Portez à ébullition de l'eau dans une casserole, plongez-y les pêches et laissez-les pendant 1 minute avant de les rafraîchir dans de l'eau glacée.

_4 Pelez les pêches, coupez-les en deux et dénoyautez-les. Détaillez chaque demi-pêche en cubes de 2 cm de côté environ et jetez-les dans une casserole. Ajoutez la coriandre en poudre si vous le souhaitez et faites cuire sur feu doux, en remuant de temps en temps, jusqu'à qu'il n'y ait plus d'eau.

_5 Préchauffez le four à 180 °C (th. 6). Farinez le plan de travail et abaissez la pâte à l'aide d'un rouleau à pâtisserie sur 2 à 3 mm d'épaisseur ; attention, la pâte sablée est fragile, elle se casse facilement. Enroulez la pâte autour du rouleau, puis déroulez-la sur le moule (24 cm de diamètre) et chemisez délicatement. Coupez le surplus de pâte et piquez le fond de quelques coups de fourchette.

_6 Rassemblez les chutes de pâte et abaissez la boule obtenue avec le rouleau à pâtisserie, puis taillez dedans des bandes de 1 cm de large. Étalez la compote de pêches froide sur le fond de tarte, lissez le dessus avec le dos d'une cuillère et répartissez les bandes de pâte de façon à former un quadrillage.

_7 Enfournez la tarte et faites-la cuire pendant 25 à 30 minutes. À l'issue de la cuisson, laissez-la refroidir avant de la démouler.

Tarte feuilletée en bande aux cerises et à l'origan

Pour 4 personnes

Préparation_20 min
Cuisson_15 min pour la tarte
20 min pour les cerises

300 g de pâte feuilletée
600 g de cerises griottes
2 brins d'origan
1 cuil. à soupe de sucre en poudre
1 jaune d'œuf
0,5 cl de kirsch (facultatif)

_1 Dénoyautez les cerises et mettez-les dans une casserole avec 2 cuillerées à soupe d'eau et le sucre. Portez à ébullition, puis laissez cuire à feu doux, en remuant de temps à autre, jusqu'à ce qu'il n'y ait plus de liquide au fond de la casserole. Si vous le souhaitez, ajoutez le kirsch à la fin de la cuisson des cerises.

_2 Étalez le feuilletage sur 5 mm d'épaisseur à l'aide d'un rouleau à pâtisserie et coupez dedans un rectangle de 30 x 12 cm. Taillez dans les chutes de pâte deux bandes de 1 cm de large sur 30 cm de long. Badigeonnez de jaune d'œuf les deux bords du rectangle de pâte les plus longs sur 1 cm de large, posez dessus les bandes de feuilletage et badigeonnez-les de jaune d'œuf.

_3 Préchauffez le four à 200 °C (th. 6-7). Effeuillez l'origan, hachez-le et mélangez-le aux cerises froides, que vous étalerez sur le fond de pâte. Enfournez et laissez cuire pendant 15 à 18 minutes, puis sortez la tarte du four et laissez-la tiédir avant de la servir.

« C'est la tarte des copains, des enfants, facile à réaliser. Les brins d'origan apportent une petite touche personnelle, légèrement poivrée mais soyeuse et délicate. C'est aussi agréable avec un ou deux brins de romarin. »

Gâteau de mascarpone, fraises au sucre muscovado

Pour 6 personnes

Préparation_30 min
Cuisson_35 min

550 g de mascarpone
1 citron jaune non traité
2 œufs
30 g de Maïzena
90 g de sucre
35 g de raisins secs blonds
1 gousse de vanille
15 cl de crème liquide
500 g de fraises
40 g de sucre muscovado (sucre de canne non raffiné de l'île Maurice)

_1 Râpez le zeste du citron. Battez à la fourchette les œufs dans un saladier. Ajoutez le mascarpone, le sucre, la Maïzena, les raisins secs, le zeste et les graines de la gousse de vanille (que vous aurez fendue en deux dans le sens de la longueur et grattée), puis mélangez avec une spatule. Montez la crème liquide au fouet jusqu'à ce qu'elle prenne la texture d'une chantilly et incorporez-la délicatement au mélange précédent.

_2 Préchauffez le four à 150 °C (th. 5). Placez un cercle de papier sulfurisé dans le fond d'un moule à manqué de 22 cm de diamètre (à défaut de moule à manqué, prenez un plat creux, mais n'oubliez pas de disposer dans le fond la feuille de papier sulfurisé). Versez le mélange dans le moule, enfournez et laissez cuire pendant 35 minutes. Sortez le gâteau du four et laissez-le refroidir.

_3 Pendant ce temps, lavez et équeutez les fraises. Coupez-les en six ou en huit selon leur taille, saupoudrez-les de sucre muscovado et mélangez, puis réservez au réfrigérateur.

_4 Une fois le gâteau refroidi, passez la lame d'un couteau d'office le long du bord du moule, retournez le gâteau sur un plat et ôtez délicatement le papier. Servez-le accompagné des fraises, dans un bol à part. Ne gardez pas ce gâteau au réfrigérateur : il est préférable de le cuire le matin pour le midi ou l'après-midi pour le soir.

« Le mascarpone, c'est l'Italie, la Lombardie, le lac de Côme. Ce fromage à pâte très molle entre dans la composition du fameux tiramisu. La légende dit que ce serait un colonel espagnol qui aurait fait sa célèbrité au XIIe siècle en le qualifiant de *mas qué bueno* ("plus que bon"). Dans cette recette, je remplace parfois les fraises par de l'ananas. »

Gâteau au fromage blanc et à la semoule parfumé à l'eau de fleur d'oranger et au poivre long

Pour 4 personnes

Préparation_30 min
Cuisson_20 min

250 g de fromage blanc
190 g de semoule de blé dur moyenne
1/2 citron non traité
1 cuil. à café d'huile d'argan
(ou, à défaut, d'huile d'olive)
30 g d'amandes mondées
20 g de pistaches décortiquées
10 g de pignons de pin

Pour le sirop au poivre long :
190 g de sucre
5 cl d'eau de fleur d'oranger
2 grains de poivre long
2 pincées de cumin en poudre.

_1 Préchauffez le four à 180 °C (th. 6). Hachez finement le zeste du demi-citron. Mélangez le fromage blanc, la semoule et le zeste haché dans un saladier.

_2 À l'aide d'un pinceau, badigeonnez d'huile d'argan un moule à manqué de 22 cm de diamètre. Étalez le mélange dans le moule, lissez le dessus avec une spatule et décorez avec les amandes, les pistaches et les pignons de pin, en les enfonçant légèrement. Enfournez et laissez cuire pendant 20 minutes.

_3 Pendant ce temps, portez à ébullition 25 cl d'eau. Ajoutez le sucre, les grains de poivre écrasés et les deux pincées de cumin, puis laissez bouillir pendant 1 minute. Retirez du feu, filtrez, ajoutez l'eau de fleur d'oranger et laissez refroidir.

_4 Quand le gâteau est cuit, démoulez-le sur un plat, légèrement creux de préférence. Arrosez-le de sirop infusé au poivre long et au cumin, puis servez-le lorsqu'il est bien imbibé.

« Le poivre long, ou poivre de Java, ressemble à un petit épi. Il était déjà utilisé dans la cuisine médiévale. Sa saveur, entre piment et poivre, est très piquante et relève bien le gâteau au fromage blanc tout en étant en harmonie avec les autres saveurs sans les masquer. »

Beignets de banane à l'hibiscus

Pour 4 personnes

Préparation_10 min
Cuisson_de 2 à 3 min

8 bananes freysinettes (à défaut, prenez 4 bananes et coupez-les en deux dans la longueur et dans l'épaisseur)
20 g de sucre glace
2 cuil. à café d'hibiscus en poudre
Huile de friture

Pour la pâte à beignets :
100 g de farine
100 g de fécule de pomme de terre
16 g de levure chimique
25 cl de lait

_1 Pour la pâte à beignets, versez la farine, la fécule et la levure chimique dans un saladier, puis délayez avec le lait en mélangeant à l'aide d'un fouet.

_2 Mélangez la poudre d'hibiscus avec le sucre glace. Épluchez les bananes et coupez-les en deux dans le sens de la longueur. Faites chauffer l'huile de la friteuse à 180 °C.

_3 Trempez les demi-bananes dans la pâte à beignets et égouttez le surplus de pâte, puis plongez-les dans l'huile de friture, en plusieurs fois selon la taille de votre friteuse. Laissez cuire pendant 2 à 3 minutes, en remuant délicatement.

_4 Sortez les beignets dès qu'ils ont pris une belle couleur dorée, égouttez-les sur du papier absorbant et saupoudrez-les de sucre glace à l'hibiscus.

« L'Afrique noire et les Antilles sont dans cette recette. Les bananes freysinettes sont goûteuses, mais aussi pratiques car de petite taille ; elles sont bien proportionnées pour les petites faims. »

Gâteau à la farine de châtaignes et aux écorces d'orange confites, sorbet au thym-citron Pour 6 personnes

Préparation_20 min pour le gâteau
10 min pour le sorbet
Cuisson_40 min

375 g de farine de châtaignes
180 g de sucre
3 œufs
1 pincée de sel
10 g de levure chimique
3 cuil. à soupe d'huile d'olive
15 cl de lait
150 g d'écorces d'orange confites

Pour le sorbet au thym-citron :
130 g de sucre
1/2 botte de thym-citron

_1 Tamisez la farine de châtaignes et la levure dans un saladier. Battez les œufs avec le sucre dans un bol, puis versez-les sur la farine, mélangez avec une spatule en bois et ajoutez le sel, l'huile d'olive et le lait. Taillez les écorces d'orange en cubes d'environ 1 cm de côté et ajoutez-les à la pâte.

_2 Préchauffez le four à 180 °C (th. 6). Placez un disque de papier sulfurisé dans le fond d'un moule à manqué de 22 cm de diamètre. Versez la pâte dans le moule, enfournez et laissez cuire pendant 40 minutes. Vérifiez la cuisson en piquant la pointe d'un couteau dans le gâteau : si la lame ressort propre, c'est que le gâteau est cuit. Démoulez-le alors et laissez-le refroidir sur une grille.

_3 Portez à ébullition 50 cl d'eau et le sucre. Ajoutez le thym-citron, mettez hors du feu et couvrez, puis laissez infuser pendant 15 minutes. Filtrez, versez dans la sorbetière et faites turbiner. À défaut de sorbetière, mettez le jus au thym-citron filtré dans le congélateur et remuez-le de temps à autre à l'aide d'une fourchette. Des paillettes vont se former au fur et à mesure. Quand la masse n'est plus que paillettes, votre granité est prêt.

_4 Servez le sorbet en quenelles ou en boules, sur des petites assiettes que vous aurez mis pendant quelques minutes au congélateur, et accompagnez-le du gâteau à la farine de châtaignes.

« Riche en protéines, facile à cueillir et à conserver, la châtaigne a sauvé de la disette certaines régions du sud de la France ou du centre de l'Italie. La farine de châtaignes servait aussi bien à confectionner la polenta bien nourrissante, que des gâteaux, des beignets, des crêpes ou des entremets. »

Carpaccio de papaye et de pitahaya, huile d'olive à la vanille et au safran Pour 4 personnes

Préparation_30 min

2 papayes
2 pitahayas
4 cuil. à soupe d'huile d'olive
1 gousse de vanille
12 pistils de safran

_1 Fendez la gousse de vanille en deux dans le sens de la longueur et grattez les graines avec la pointe d'un couteau. Jetez ces dernières dans l'huile d'olive, ajoutez quatre pistils de safran et réservez.

_2 Épluchez les fruits. Coupez en deux les papayes dans le sens de la longueur et ôtez les pépins à l'aide d'une cuillère. Émincez les fruits avec un couteau à lame fine et longue.

_3 Disposez harmonieusement les fruits dans des assiettes plates. Parsemez-les des pistils de safran restants et arrosez-les d'huile d'olive à la vanille. Cette recette est encore meilleure lorsqu'elle est préparée 1 ou 2 heures avant d'être servie.

« Un dessert simple à préparer mais riche en saveurs et original. Les fruits exotiques doivent être mûrs à souhait afin d'apporter le sucre nécessaire à cette recette. Ils peuvent être remplacés ou complétés par des mangues, du ramboutan, de l'ananas et même de fines lamelles d'avocat. »

Pastèque et melon dans un sirop léger aux épices

Pour 4 personnes

Préparation_10 min
Cuisson_15 min

1 kg de pastèque épépinée
1 melon
1/2 cuil. à café de poivre vert séché
1/2 cuil. à café de baies roses
1/2 cuil. à café de poivre du Sichuan
6 anis étoilés
1 gousse de vanille
4 bâtons de cannelle de 5 cm de long
350 g de sucre

_1 Portez à ébullition 1 litre d'eau avec le sucre et la gousse de vanille, préalablement fendue en deux dans le sens de la longueur et grattée. Faites cuire à petits bouillons pendant 5 minutes, puis ajoutez les autres épices (poivre vert, baies roses, poivre du Sichuan, anis étoilés, cannelle) et poursuivez la cuisson pendant encore 10 minutes. Retirez du feu et laissez refroidir à couvert.

_2 Taillez dans la pastèque et le melon des billes à l'aide d'une cuillère à pommes parisiennes (à défaut, détaillez les fruits en cubes d'environ 8 mm de côté). Filtrez le sirop sur les fruits et réservez au réfrigérateur. Servez bien frais.

« Cette "infusion" de melon et de pastèque est relevée par le poivre mais reste liquoreuse grâce au sucre et à la vanille. Il est préférable de préparer cette recette la veille, afin que les fruits soient bien imprégnés du sirop, et de servir ce dessert très frais. »

Gâteau de semoule à la coco, cardamome et graines de pavot bleu Pour 4 personnes

Préparation_20 min
Cuisson_1 h

225 g de semoule de couscous moyenne
4 cuil. à soupe de noix de coco râpée
190 g de sucre
50 g de beurre fondu
1 cuil. à soupe de graines de pavot bleu
6 capsules de cardamome

_1 Ouvrez les capsules de cardamome et récupérez les graines. Mettez la semoule, la noix de coco, le sucre, les graines de pavot et les graines de cardamome dans une casserole, mouillez avec 50 cl d'eau et mélangez.

_2 Portez à ébullition en tournant sans cesse, puis laissez cuire à feu doux pendant 1 heure en remuant fréquemment. Incorporez le beurre fondu à la fin de la cuisson.

_3 Chemisez un plat de film plastique, versez dedans l'appareil sur une épaisseur d'environ 1,5 cm et laissez refroidir. Lorsque le gâteau est froid, détaillez-le en carrés de 4 cm de côté, puis recoupez chaque carré dans la diagonale pour former des triangles.

« Le cocotier, ce bel arbre des tropiques nous procure beaucoup de bonheur en nous offrant les noix de coco. J'aime la saveur et le parfum de ce fruit. Parfois, j'ajoute dans ce gâteau en fin de cuisson deux cuillerées à soupe d'un bon rhum. »

Clafoutis aux abricots au parfum de lavande

Pour 4 personnes

Préparation_20 min
Cuisson_30 min

15 cl de lait
60 g de farine
50 g de sucre
3 œufs
40 g de beurre fondu
1 cuil. à café de fleurs de lavande
10 abricots rouges du Roussillon

_1 Coupez les abricots en deux, ôtez les noyaux et répartissez les oreillons sur le fond d'un plat creux, côté bombé sur le dessus.

_2 Versez la farine et le sucre dans un saladier. Ajoutez les œufs et mélangez, puis versez le lait et le beurre fondu. Ajoutez pour finir les fleurs de lavande.

_3 Préchauffez le four à 180 °C (th. 6). Versez le mélange sur les abricots, enfournez et laissez cuire pendant 30 minutes. Servez le clafoutis dans le plat, tiède ou frais.

« Pas très loin du pont du Gard, des abricotiers garnis de fruits succulents et la lavande en voisine me suggèrent cette recette. À défaut d'abricots rouges du Roussillon, les variétés bergeron ou orangé de Provence conviennent. Ce clafoutis a toujours beaucoup de succès : un conseil, prévoyez-en deux ! »

Cake aux senteurs de Provence

Pour 6 à 8 personnes

Préparation_15 min
Cuisson_30 min

150 g de miel de lavande
3 œufs
150 g de beurre
180 g de farine
10 g de levure chimique
Le zeste d'une demi-orange
1 cuil. à soupe de graines d'anis vert
1 cuil. à café de fleurs de lavande
2 brins de thym
Beurre et farine pour le moule

_1 Préchauffez le four à 180 °C (th. 6). Ramollissez le beurre en pommade. Cassez les œufs dans un saladier et battez-les avec le miel (si ce dernier n'est pas liquide, chauffez-le doucement), puis incorporez-les au beurre en pommade et mélangez bien.

_2 Hachez finement les zestes d'orange. Mélangez le reste des ingrédients (graines d'anis vert, fleur de lavande, levure et farine) aux zestes d'orange et au thym effeuillé avec une spatule ou au mélangeur.

_3 Versez dans le moule, préalablement beurré et fariné, enfournez et laissez cuire pendant 30 minutes. Vérifiez alors la cuisson en plantant la pointe d'un couteau dans le cake : elle doit ressortir propre ; dans le cas contraire, prolongez la cuisson de 4 à 5 minutes. Laissez refroidir le cake dans le moule avant d'enlever ce dernier.

« J'ai retrouvé la lavande plusieurs fois mentionnée dans des mélanges d'épices provençaux. Généralement utilisée dans les pâtés, les préparations salées, elle devient presque indispensable dans ce cake. »

Panettone au basilic

Pour 4 personnes

Préparation_30 min
Cuisson_40 min

500 g de farine
20 g de levure de boulanger
3 œufs
3 jaunes d'œuf
100 g de sucre
10 g de sel
200 g de beurre
100 g de raisins de Corinthe
100 g d'écorces d'orange
Le zeste d'un citron râpé
3 brins de basilic

_1 Délayez la levure avec 10 cl d'eau tiède dans un saladier. Ajoutez 50 g de farine tamisée, mélangez et couvrez d'un film plastique, puis laissez reposer pendant 1 heure à température ambiante. Sortez le beurre du réfrigérateur et laissez-le ramollir.

_2 Coupez l'écorce d'orange en cubes d'environ 5 mm de côté. Mélangez le reste de la farine avec le sel et le sucre, ajoutez dans le saladier le mélange d'eau et de levure, et travaillez la pâte du bout des doigts. Incorporez les œufs entiers et les jaunes, puis battez jusqu'à ce que la préparation soit homogène et qu'elle se décolle de la paroi du récipient.

_3 Incorporez le beurre ramolli, les raisins, les cubes d'écorce d'orange et le zeste de citron. Formez une boule, couvrez le saladier d'un linge humide et laissez la pâte doubler de volume à température ambiante.

_4 Appuyez des deux mains (préalablement farinées) sur la pâte pour la faire retomber en chassant les gaz de fermentation. Couvrez d'un film plastique et réservez au réfrigérateur pendant 12 heures.

_5 Ciselez finement les feuilles de basilic. Farinez le plan de travail et étalez la pâte sur environ 1 cm d'épaisseur. Répartissez le basilic sur la pâte, repliez les bords vers le centre et formez une nouvelle boule, que vous placerez sur la plaque du four couverte d'une feuille de papier sulfurisé. Laissez lever la pâte sans la couvrir : elle doit doubler de volume.

_6 Préchauffez le four à 190 °C (th. 6-7). Badigeonnez le dessus du panettone du reste de jaune d'œuf à l'aide d'un pinceau. Enfournez et laissez cuire pendant 10 minutes, puis baissez la température du four à 180 °C (th. 6) et prolongez la cuisson de 30 minutes. Sortez le panettone et laissez-le refroidir sur une grille avant de le déguster.

« C'est pour mon fils Flavien, en souvenir de nos voyages en Italie que j'ai réalisé cette recette. Le basilic, avec ses notes herbacées, se marie très bien avec les écorces d'orange et le raisin. Souvent servi au moment des fêtes de Noël, le panettone est d'origine milanaise mais il est confectionné dans toute l'Italie. Il se conserve très bien durant plusieurs jours. »

Salade d'orange au thé vert et aux dattes

Pour 4 personnes

Préparation_30 min

7 oranges
1 cuil. à soupe de sucre glace
2 cuil. à soupe d'eau de fleur d'oranger
125 g de dattes dénoyautées
1/2 citron
2 g de thé vert en poudre

_1 Pressez une orange et mélangez son jus dans un saladier avec l'eau de fleur d'oranger, le sucre glace, le thé vert et le jus du citron. Coupez les dattes en bâtonnets.

_2 Pelez les six autres oranges à vif : coupez les extrémités des fruits à l'aide d'un couteau à lame fine et souple, puis glissez la lame entre la chair et la peau de façon à enlever cette dernière. Ôtez ensuite les fines pellicules transparentes enveloppant les quartiers de pulpe afin de récupérer ceux-ci.

_3 Roulez les quartiers d'orange dans le mélange de jus d'orange, de jus de citron, de fleur d'oranger et de thé vert, parsemez de dattes et réservez au réfrigérateur. Dressez dans les assiettes de service, ou dans une belle coupe en verre par exemple.

« Encore un mélange de Tunisie, de Maroc et d'une touche de Japon donnée par le thé vert. C'est bon, frais et original. Mais quelle variété d'orange choisir ? Une maltaise sanguine de Tunisie ou une blonde washington navel provenant du Maroc, d'Espagne ou d'Afrique du Sud. »

Pastilla au lait aux épices chaudes

Pour 4 personnes

Préparation_20 min
Cuisson_3 min par pastilla

8 feuilles de brik
100 g d'amandes entières mondées
30 g de sucre glace
30 g de sucre
50 cl de lait
15 cl d'huile d'olive

Pour les épices chaudes :
2 g de piment de Cayenne
10 g de paprika
4 g de cumin en graines
3 g de coriandre en graines
2 g de poivre noir en grains
2 g de curcuma en poudre
2 g de noix de muscade en poudre

_1 Dans une poêle sans matière grasse, faites chauffer à feu doux le cumin, la coriandre et le poivre. Laissez-les cuire pendant 5 minutes, jusqu'à ce que les arômes se dégagent, puis broyez-les finement et ajoutez les autres épices en poudre.

_2 Portez à ébullition le lait, préalablement additionné du sucre et d'une cuillerée à café du mélange d'épices. Faites cuire à feu doux pendant 10 minutes, laissez refroidir, filtrez et réservez au réfrigérateur.

_3 Mettez à chauffer l'huile d'olive dans une poêle de 24 cm de diamètre, versez-y délicatement les amandes et faites-les dorer. Retirez-les à l'aide d'une écumoire, épongez-les sur du papier absorbant et laissez-les refroidir avant de les broyer grossièrement.

_4 Pliez les feuilles de brik en quatre et faites-les frire une à une pendant 3 minutes dans la même poêle que les amandes, en les retournant à mi-cuisson. Ensuite, égouttez-les au fur et à mesure sur du papier absorbant.

_5 Au moment de servir, saupoudrez les pastillas d'amandes en poudre, puis d'une fine couche de sucre glace et enfin d'un peu de mélange d'épices. Dressez les pastillas sur un plat et le lait en saucière à part. Chacun arrosera sa pastilla de lait aux épices chaudes dans son assiette, ou dégustera la pastilla croustillante seule et se servira le lait dans un verre.

« C'est une version sucrée de la merveilleuse pastilla marocaine. La quantité d'épices peut varier selon votre goût. Je réalise aussi parfois cette recette de façon plus traditionnelle, sans épices, pour ma petite fille Ambre, en parfumant le lait avec de la fleur d'oranger. »

Crèmes brûlées aux pêches blanches à la vanille et à la cannelle Pour 6 personnes

Préparation_40 min
Cuisson_1 h

30 cl de lait
20 cl de crème liquide
1 œuf
4 jaunes d'œuf
70 g de sucre
1 gousse de vanille
1 bâton de cannelle
3 pêches blanches
20 g de beurre
4 pincées de sucre cassonade

« C'est une variante de la crème catalane, qui séduit tant. J'ai ajouté des pêches, qui apportent de la fraîcheur, à cette crème vanille-cannelle. Si vous trouvez des pêches de vigne, surtout n'hésitez pas : c'est sublime ! »

_1 Portez à ébullition une casserole d'eau et plongez-y les pêches pendant 30 secondes, puis rafraîchissez-les dans de l'eau glacée : la peau se décollera alors facilement. Pelez les pêches, coupez-les en deux, ôtez les noyaux et taillez la chair en cubes d'environ 1 cm de côté.

_2 Mettez le beurre dans une poêle et faites-le chauffer jusqu'à ce qu'il prenne une belle couleur noisette. Ajoutez les cubes de pêche et laissez-les cuire pendant 5 minutes, en remuant sans cesse. Égouttez les pêches, posez-les sur du papier absorbant et réservez.

_3 Fendez la gousse de vanille en deux dans le sens de la longueur et récupérez les graines à l'aide d'un couteau. Versez le lait et la crème dans une casserole, ajoutez la cannelle, les graines de vanille et la gousse, et portez à ébullition. Fouettez les jaunes d'œuf et l'œuf entier avec le sucre jusqu'à ce que le mélange blanchisse, puis filtrez dessus le mélange de lait et de crème bouillant et mélangez.

_4 Préchauffez le four à 90 °C (th. 3). Répartissez les cubes de pêche au fond des ramequins, versez dessus le mélange à crème brûlée, enfournez et laissez cuire au bain-marie pendant 1 heure. Au terme de la cuisson, sortez les crèmes du four et réglez ce dernier sur la position gril.

_5 Retirez les crèmes du bain-marie, posez-les dans un plat à four et saupoudrez-les d'une fine couche de sucre cassonade, puis placez-les sous le gril très chaud pour les caraméliser (la coloration doit être brun foncé). Les crèmes peuvent ensuite se déguster tièdes ou froides.

Crème glacée à la coriandre et au curry, coulis de mangue Pour 6 personnes

Préparation_30 min
Cuisson_5 min

50 cl de lait
25 cl de crème fleurette
6 jaunes d'œuf
130 g de sucre
2 bottes de coriandre
1 cuil. à café rase de curry
1 mangue bien mûre

_1 Réservez la crème fleurette dans un saladier au réfrigérateur. Lavez la coriandre. Portez le lait à ébullition et ajoutez la coriandre, puis retirez du feu, couvrez la casserole et laissez infuser pendant 15 minutes avant de filtrer.

_2 Battez les jaunes d'œuf avec le sucre jusqu'à ce que le mélange blanchisse. Versez dessus le lait infusé, en fouettant sans cesse, placez la casserole sur feu doux et laissez cuire en remuant avec une cuillère en bois jusqu'à ce que la préparation épaississe et nappe la cuillère (attention, cette crème ne doit pas bouillir). Versez la crème anglaise à la coriandre dans un saladier, laissez-la refroidir et réservez-la au réfrigérateur pendant au moins 2 heures.

_3 Montez la crème en chantilly bien ferme. Ajoutez le curry dans la crème anglaise à la coriandre, puis incorporez délicatement la crème chantilly dans la crème anglaise, en remuant doucement. Chemisez un moule à cake avec du film plastique, que vous laisserez dépasser légèrement du bord. Versez la préparation dans le moule, rabattez le film plastique sur le dessus et placez le moule au congélateur pendant au moins 12 heures.

_4 Épluchez la mangue, ôtez le noyau et mixez la chair pour obtenir une purée. Démoulez la crème glacée et retirez le film plastique, puis coupez-la en tranches à l'aide d'un couteau-scie électrique. Répartissez le coulis de mangue sur le fond des assiettes et posez dessus une ou deux tranches de crème glacée. Attendez pendant 3 à 4 minutes afin que la crème glacée remonte en température, puis servez.

« Selon les régions, curry peut s'orthographier *curri*, *cari* ou *kari*. Chaque région a sa recette, dont la force varie selon les piments ou les poivres utilisés. Pour cet entremet, j'ai utilisé un curry doux (*mild*) mais qui donne tout son "piquant" à cette glace originale. »

Potiron confit au thym-citron et au pomelo

Pour 4 personnes

Préparation_20 min
Cuisson_20 min

1 kg de potiron épluché
300 g de sucre
3 brins de thym-citron
1 pomelo
50 g de noix de cajou nature

_1 La veille, taillez le potiron en morceaux de 2 à 3 cm d'épaisseur. Prélevez trois bandes de zeste sur le pomelo à l'aide d'un couteau économe, puis pressez une moitié du fruit. Placez les morceaux de potiron dans un saladier avec le sucre, le thym effeuillé, le jus du demi-pomelo et les zestes. Mélangez, couvrez d'un film plastique et réservez au réfrigérateur pendant toute la nuit.

_2 Le lendemain, versez le mélange dans une cocotte, portez à ébullition et couvrez, puis faites cuire à petits bouillons pendant 20 minutes. Retirez du feu et laissez refroidir dans la cocotte avant de débarrasser et de réserver au réfrigérateur.

_3 Étalez les noix de cajou dans un plat allant au four, passez-les sous le gril pour leur donner une belle couleur dorée et concassez-les. Au moment de servir, égouttez délicatement les morceaux de potiron, dressez-les dans les assiettes de service et saupoudrez-les de noix de cajou. Cette recette peut être réalisée plus rapidement, sans laisser au réfrigérateur pendant une nuit entière le potiron, mais ce dernier sera alors moins goûteux.

« Je garnis aussi des feuilletés ou des choux avec ce potiron confit. Sur une pâte sablée de type "biscuit lunette" ou avec une brioche toastée, c'est également délicieux. Et le matin, au petit déjeuner… c'est à essayer absolument ! »

Confiture de poires, de fenouils et de kumquats aux amandes Pour 3 pots

Préparation_30 min
Cuisson_20 min

3 poires de 250 g pièce
300 g de fenouils
200 g de kumquats
50 g d'amandes entières mondées
500 g de sucre
1/2 cuil. à soupe de graines de fenouil
1 citron jaune

« C'est une de mes confitures du petit déjeuner, mais aussi du goûter. Délicieuse simplement sur du pain toasté ou sur de fines tranches de brioche, cette confiture peut également garnir une tarte ou un gâteau de type génoise. »

_1 La veille, épluchez les poires, coupez-les en deux dans le sens de la hauteur et ôtez-leur le cœur, puis taillez-les en cubes de 5 mm de côté environ. Versez dessus le jus du citron et mélangez.

_2 Taillez les fenouils en cubes d'environ 5 mm de côté. Lavez ces derniers, égouttez-les et mélangez-les aux cubes de poire.

_3 Coupez les kumquats en quatre dans le sens de la hauteur, ôtez-leur les pépins et mélangez les quartiers avec les poires et les fenouils.

_4 Saupoudrez le tout de sucre, mélangez soigneusement, couvrez d'un film plastique et réservez au réfrigérateur pendant toute une nuit.

_5 Le lendemain, versez le mélange dans une cocotte, ajoutez les amandes et les graines de fenouil, portez à ébullition et faites cuire à gros bouillons pendant 20 minutes, en remuant fréquemment.

_6 Versez la confiture dans les pots, fermez ces derniers et retournez-les, puis laissez refroidir avant de réserver au frais. Il est préférable de laisser les confitures au réfrigérateur pendant 2 à 3 jours avant de les déguster.

Tarte à la tomate et au miel d'oranger

Pour 4 personnes

Préparation_30 min
Cuisson_30 min

10 tomates de 60 g pièce
3 cuil. à soupe de miel d'oranger
50 g d'amandes en poudre
40 g de sucre
30 g d'amandes effilées

Pour la pâte sucrée :
250 g de farine
75 g de sucre
150 g de beurre
1 œuf
1 pincée de sel

_1 Préparez la pâte sucrée : ramollissez le beurre de façon que sa texture soit celle d'une pommade, ajoutez la farine, le sucre et le sel ; incorporez l'œuf, mélangez, couvrez de film plastique et laissez reposer pendant 1 heure.

_2 Portez à ébullition 2 litres d'eau. Ôtez le pédoncule des tomates à l'aide d'un petit couteau, puis passez les fruits pendant 15 secondes dans l'eau bouillante. Retirez-les et plongez-les dans de l'eau froide additionnée de glaçons. Pelez-les, coupez-les en deux et enlevez les pépins.

_3 Préchauffez le four à 180 °C (th. 6). Étalez la pâte sur 5 mm d'épaisseur et foncez-en un moule à tarte. Saupoudrez le fond de poudre d'amandes, puis posez les demi-tomates côté bombé vers le haut et saupoudrez-les de sucre et d'amandes effilées. Nappez de miel, enfournez et faites cuire pendant 30 minutes. Laissez refroidir la tarte à température ambiante avant de la servir.

« Un petit village à côté de Saint-Florent, en Corse. Un cultivateur me donne quelques tomates de "plein champ". C'est presque l'heure du goûter et, tout naturellement, je prépare une tarte avec ces tomates bien parfumées et le miel d'oranger, qui apporte à la fois le sucre et des petites notes amères. »

Poires rôties aux épices, piquées au bois sucré

Pour 4 personnes

Préparation_30 min
Cuisson_35 min

4 poires conférences de 200 g pièce
2 citrons verts
70 g de sucre muscovado (sucre de canne non raffiné de l'île Maurice)
1 cuil. à café de piment de la Jamaïque
6 capsules de cardamome verte
1/2 cuil. à café de gingembre en poudre
1 bâton de réglisse

_1 Écrasez finement le piment de la Jamaïque et les graines de cardamome. Mélangez dans un bol le sucre, le piment, la cardamome, le gingembre et le jus des citrons verts.

_2 Épluchez les poires et coupez légèrement le fond de chacune d'elles pour leur permettre de tenir debout. Fendez le bâton de réglisse en quatre dans le sens de la longueur et transpercez-en les poires, en enfonçant un quart de bâton de réglisse dans chaque fruit, de haut en bas et légèrement en biais.

_3 Préchauffez le four à 180 °C (th. 6). Versez le mélange de sucre et d'épices dans le fond d'un plat à gratin et ajoutez 3 cuillerées à soupe d'eau. Posez les poires debout dans le plat, enfournez et laissez-les cuire pendant 35 minutes, en les arrosant régulièrement de jus de cuisson sucré et épicé.

_4 Égouttez les poires sur une grille, arrosez-les une dernière fois de jus de cuisson et laissez-les égoutter pendant 2 minutes. Servez-les ensuite, chaudes ou tièdes.

« La chair de la poire conférence est très parfumée mais fine, juteuse ; elle absorbe parfaitement les notes épicées, notamment le piment de Jamaïque. Ce dernier est un mélange de parfums, clous de girofle, cannelle, muscade, et c'est sans doute pour cette raison qu'il est aussi appelé *allspice*. De saveur piquante, il doit être moulu à la demande car il s'évente vite. »

Vermicelles au lait à la cardamome

Pour 4 personnes

Préparation_20 min
Cuisson_20 min

1,5 litre de lait entier
15 g de beurre
50 g de vermicelles
20 capsules de cardamome verte
15 g de pistaches décortiquées
15 g d'amandes en poudre
200 g de crème liquide
100 g de sucre

_1 Versez le lait dans une casserole, portez-le à ébullition et tenez-le au chaud. Écrasez les capsules de cardamome et récupérez les graines.

_2 Faites fondre le beurre dans une casserole, ajoutez les graines de cardamome et faites-les rôtir pendant 2 minutes. Ajoutez les vermicelles et faites-les revenir à leur tour pendant 5 minutes, jusqu'à ce qu'ils aient pris une légère coloration.

_3 Versez le lait chaud sur les vermicelles, portez à ébullition et laissez cuire à petits bouillons pendant 5 minutes, en remuant fréquemment. Réduisez en poudre les pistaches et ajoutez-les avec la poudre d'amandes dans le lait, puis prolongez la cuisson de 15 minutes sur feu doux, en remuant toujours.

_4 Retirez du feu, ajoutez le sucre et mélangez. Ajoutez alors la crème, mélangez une dernière fois et débarrassez dans un saladier, que vous poserez dans un récipient plus grand rempli de glaçons afin d'arrêter la cuisson. Laissez refroidir et servez.

« C'est un des desserts de mon enfance. J'ai juste ajouté de la cardamome que mon ami Philippe m'avait apportée de Malabar. Ce goût anisé rappelle les préparations d'omelettes, de boulettes et de gâteaux d'Orient. »

Café glacé aux épices

Pour 4 personnes

Préparation_20 min
Cuisson_5 min

60 cl de café fort
140 g de sucre
2 bâtons de cannelle de 5 cm de long
4 clous de girofle
1 citron jaune non traité
20 g de gingembre frais

_1 Prélevez deux rubans de zeste de citron à l'aide d'un couteau économe. Versez 40 cl d'eau dans une casserole et ajoutez le sucre, les zestes de citron, la cannelle, les clous de girofle écrasés et le gingembre haché. Portez à ébullition et laissez cuire à petits bouillons pendant 5 minutes.

_2 Retirez du feu, ajoutez le café et laissez refroidir, puis filtrez et réservez au réfrigérateur. Au moment de servir, versez le café dans quatre verres avec des glaçons.

« Ce café glacé est très désaltérant et agréable à boire en terrasse l'après-midi, en plein été, ou après un repas copieux. Il peut être réalisé la veille, et n'en sera que meilleur. »

Thé aux épices

Pour 4 personnes

Préparation_10 min
Cuisson_8 min

1/2 cuil. à café de graines de coriandre
6 capsules de cardamome verte
1 bâton de cannelle
5 cuil. à café de thé noir de Chine
50 cl de lait
Sucre ou miel

_1 Écrasez les capsules de cardamome, mettez-les avec la coriandre et le bâton de cannelle dans une poêle et faites-les griller pendant 2 à 3 minutes sur feu moyen.

_2 Transférez les épices dans une casserole, ajoutez 50 cl d'eau et portez à ébullition, puis couvrez et laissez cuire à feu doux pendant 5 minutes.

_3 Ajoutez alors le lait et le thé, portez de nouveau à ébullition et retirez aussitôt du feu. Couvrez et laissez infuser pendant 3 minutes, puis filtrez. Ce thé peut être servi chaud ou froid, nature ou sucré, au miel ou au sucre selon votre goût.

« Ce thé rafraîchissant étonne toujours ceux à qui on l'offre. Pascal Pugeault est le premier à m'avoir fait découvrir cette boisson. Selon son humeur (toujours bonne), il la fait varier en ajoutant de la réglisse, du poivre noir, de la muscade… Des boissons à base de lait peuvent aussi être parfumées de la sorte. »

Eau de gingembre au miel d'oranger

Pour 4 personnes

Préparation_10 min

1 litre d'eau de source
50 g de gingembre frais épluché
70 g de miel d'oranger

_1 Hachez finement le gingembre, placez-le dans une gaze et formez une bourse, que vous attacherez avec de la ficelle de cuisine.

_2 Placez la petite bourse de gingembre dans un broc et versez dessus l'eau additionnée du miel (si ce dernier est solide, chauffez-le très légèrement afin que sa consistance soit plus légère).

_3 Mélangez, couvrez d'un film plastique et réservez au réfrigérateur pendant au moins 6 heures avant de servir, bien glacé.

« C'est meilleur que l'eau nature, idéal lors de fortes chaleurs : une boisson à consommer sans modération ! »

Lait d'amande à l'eau de rose

Pour 4 personnes

Préparation_15 min

300 g d'amandes entières blanchies
70 g de sucre
2 cuil. à soupe d'eau de rose

_1 Versez 1 litre d'eau dans un blender, ajoutez les amandes, le sucre et l'eau de rose, puis mixez afin de broyer les amandes.

_2 Filtrez et réservez au réfrigérateur, de façon à servir ce lait glacé.

« Cette boisson est aussi très agréable si on remplace l'eau par du lait de soja. Dans ce lait, les notes de rose paraissent si naturelles… »

Index des recettes

A

Anchois et bananes plantains frites, fromage blanc à la coriandre **66**

B

Bars braisés aux oignons rouges et au fenouil roulés dans des feuilles de vigne **86**
Bavarois au tilleul, jus à la menthe poivrée **130**
Beignets de banane à l'hibiscus **146**
Bouillabaisse parfumée à l'orange **78**
Briks à l'agneau **118**
Briks à l'œuf **119**
Briks au fromage de chèvre **119**
Briks au pageot **118**
Briks aux légumes **116**
Brioches aux figues et aux épices chaudes **137**
Brochettes d'agneau aux dattes et aux abricots secs, couscous d'orge à l'huile d'argan **96**
Brochettes d'agneau aux pignons de pin, sauce yaourt et menthe **46**

C

Café glacé aux épices **174**
Cake à la tomate, aux anchois et aux olives, parfumé au thym-citron **60**
Cake aux senteurs de Provence **156**
Carpaccio de concombre, salade de chou et de carotte à la coriandre **30**
Carpaccio de mangue aux crevettes, au citron vert et au piment **31**
Carpaccio de papaye et de pitahaya, huile d'olive à la vanille et au safran **150**
Chapon farci, artichauts à la coriandre et au curcuma **76**
Chaussons à la feta, à la roquette et à la menthe **54**
Chayottes farcies au confit de porc et à l'ananas **112**
Clafoutis aux abricots au parfum de lavande **154**
Clafoutis aux tomates cerises parfumé au romarin **32**
Cochon de lait rôti aux fenouils, à l'ananas et à la cardamome **113**
Colombo de ventrèche de thon en salade de légumes crus **44**
Confiture de poires, de fenouils et de kumquats aux amandes **168**
Cornes de gazelle au romarin et aux zestes de citron séchés **132**
Couscous de légumes oubliés **114**
Couscous sucré aux graines d'ajowan **136**
Crème glacée à la coriandre et au curry, coulis de mangue **165**
Crèmes brûlées aux pêches blanches à la vanille et à la cannelle **164**
Cuisses de poulet rôties aux bâtons de cannelle et aux écorces d'orange confites **110**

D

Daurade rôtie au four, saveur d'Orient **70**

E

Eau de gingembre au miel d'oranger 177
Épaule d'agneau « façon sept heures », *orecchiette* en salade au basilic 94
Épeautre façon risotto 120
Estouffade de bœuf au chocolat, navets et cèpes 100

F

Filets de capitaine, achard de légumes 81
Fougasse à l'ananas et au poivre vert 140
Fricassée de cailles aux pistaches 107

G

Gambas rôties à la citronnelle et au galanga 52
Gâteau à la farine de châtaignes et aux écorces d'orange confites, sorbet au thym-citron 148
Gâteau au fromage blanc et à la semoule parfumé à l'eau de fleur d'oranger et au poivre long 145
Gâteau de mascarpone, fraises au sucre muscovado 144
Gâteau de semoule à la coco, cardamome et graines de pavot bleu 152
Gigot d'agneau farci à la semoule de couscous 95
Granité de tomates au basilic 18

K

Keftas de mérou au cumin et à la sauge 68

L

Lait d'amande à l'eau de rose 178

M

Mille-feuilles de rouget-barbet, safran et citron au sel 72
Minestrone 12
Mousse d'ail, vinaigrette au café 51
Mousselines d'avocat aux deux façons : cacao-poivre et anis 134
Mulet farci au riz, aux olives et au citron au sel 71

O

Oignons farcis aux pieds d'agneau et aux noix de cajou 92

P

Paella au garam massala 79
Pain aux olives et aux pétales de rose 62
Palmiers au pesto d'oseille 56
Panettone au basilic 157
Pastèque au chèvre frais, poivre du Sichuan 39
Pastèque et melon dans un sirop léger aux épices 151
Pastilla au lait aux épices chaudes 162
Pastilla de pigeon aux amandes et à la fleur d'oranger 108
Petits légumes farcis à la morue 123
Pintade parfumée au rhum, aux fèves de cacao et au piment de la Jamaïque, cuite dans une feuille de bananier 104
Pissaladière au thon et au piment d'Espelette 59
Pizza au chutney de tomates et aux fruits 122
Pizza aux artichauts poivrades, à la mozzarella et au parmesan 58
Poires rôties aux épices, piquées au bois sucré 172
Poivrons rouges et jaunes grillés marinés à l'huile d'olive et anchois au sel 126
Potiron confit au thym-citron et au pomelo 166
Purée fine de pois cassés au cumin et à l'huile d'argan 50

R

Râble de lapin au chèvre et aux olives cassées 106
Risotto aux oursins, à la tomme de brebis et aux zestes de citron 74
Rôti de thon au lard maigre 84
Rougets-barbets de roche grillés 87

S

Salade d'orange au thé vert et aux dattes 160
Salade d'orange et de mérou grillé 48
Salade de courgettes à la coriandre et au cumin 34
Salade de patate douce au safran et à la cannelle 38
Sardines farcies à l'ossau-iraty 88
Socca et rillettes de maquereaux 45
Soufflé glacé à la tomate et au tourteau 36
Soupe au poulet et au chorizo 20
Soupe au vert de blette et à l'orge perlé 19
Soupe de haricots rouges et de banane plantain 22
Soupe du Maghreb à l'agneau et aux pois chiches 13
Soupe froide d'avocat et citron vert 10
Soupe glacée aux radis et au concombre 16
Soupe glacée de tomates aux herbes, gressins à l'anis vert 24
Supions crus au piment sur une tartine frottée à l'ail 28

T

Tagliatelles aux herbes, au piment d'Espelette et aux crevettes grises 90
Tajine de jarret de veau aux fèves et aux pois gourmands, lait de coco et gingembre 101
Tarte à la tomate et au miel d'oranger 170
Tarte aux amandes, aux olives et au romarin 138
Tarte feuilletée en bande aux cerises et à l'origan 143
Tarte sablée aux pêches blanches 142
Tartines à la tapenade 25
Tartines d'aubergine grillée 26
Terrine d'aubergines, de courgettes et de poivrons au basilic 42
Thé aux épices 176
Tourte d'agneau au parfum de café cardamome 98
Tourteaux farcis aux merguez et aux mangues 80

V

Vermicelles au lait à la cardamome 173

Remerciements _

Tous mes sincères remerciements à mes deux fidèles collaborateurs, Pascal Pugeault, fidèle parmi les fidèles, et Luc Béchet, qui m'assistent au quotidien.
Guy Martin

Mia Zia & V. Barkowski
Sentou
Azag
Autour du monde
Claude de Mol
Totor & Compagnies
Robert Leyx
Isabelle Rozenbaum & Laurence Mouton

Responsable éditoriale : Valérie Tognali
Responsable artistique : Sabine Houplain
Conception graphique : Fouin+Zanardi
Lecture-correction : Chloé Chauveau
Fabrication : Nicole Thiériot-Pichon

Achevé d'imprimer en Espagne
Dépôt légal : avril 2009
ISBN : 978-2-81230046-2
34/2208/6-01